KB264726

열다섯 살의 용기

클로뎃 콜빈, 정의 없는 세상에 맞서다

01 열다섯 살의 용기 클로뎃 콜빈, 정의 없는 세상에 맞서다

필립 후즈 지음 | 김민석 옮김 | 엄기호 해제

2011년 11월 21일 초판 1쇄 발행
2021년 3월 29일 초판 15쇄 발행

펴낸이 한철희 | 펴낸곳 돌베개 | 등록 1979년 8월 25일 제406-2003-000018호
주소 (10881) 경기도 파주시 회동길 77-20 (문발동)
전화 (031) 955-5020 | 팩스 (031) 955-5050
홈페이지 www.dolbegae.co.kr | 전자우편 book@dolbegae.co.kr
블로그 imdol79.blog.me | 트위터 @Dolbegae79 | 페이스북 /dolbegae

책임편집 권영민·김혜영
편집 이경아·소은주·이현화·조성웅·김진구·김태권·최혜리
표지 및 본문 디자인 이새미 | 디자인 이은정·박정영
마케팅 심찬식·고운성·조원형 | 제작·관리 윤국중·이수민 | 인쇄·제본 상지사 P&B

ISBN 978-89-7199-453-5 44330
ISBN 978-89-7199-452-8 (세트)

책값은 뒤표지에 있습니다.

이 도서의 국립중앙도서관 출판시도서목록(CIP)은 e-CIP 홈페이지
(http://www.nl.go.kr/ecip)에서 이용하실 수 있습니다.(CIP제어번호: CIP2011004745)

열다섯 살의 용기

클로뎃 콜빈, 정의 없는 세상에 맞서다

필립 후즈 지음 | 김민석 옮김 | 엄기호 해제

돌베개

일러두기

1. 인명이나 지명은 '외래어 표기법'을 따르는 것을 원칙으로 하되, 경우에 따라 일반적으로 널리 쓰이는 표기를 사용했다.

2. 본문의 '클로뎃 :' 항목으로 시작하는 구어체 부분은 저자가 2007년에 클로뎃 콜빈과 14회에 걸쳐 인터뷰한 내용을 정리한 것이다.

3. 이 책에 실린 '주'는 모두 옮긴이와 편집자가 붙였다. 글씨 크기를 줄이고 별색을 써서 본문과 구분했다.

4. 한국과 미국의 학제 차이로 인해 'freshman'을 '1학년', 'sophomore'를 '2학년', 'junior'를 '3학년', 'senior'를 '졸업반'으로 옮겼다.

5. 본문에서 클로뎃 콜빈의 '엄마', '아빠'는 양부모 메리 앤 콜빈과 Q. P. 콜빈을 가리킨다.

메인 주 흑인들의 역사를 잊지 않게 도와준
제럴드 E. 탤벗에게 바칩니다.

1부 첫 번째 외침

해제

정의 없는 세상에서 품위 있게 사는 법

엄기호 교육공동체 '벗' 편집위원

보통 사람들이 만들어 가는 역사

지구 위에서 가장 높은 산이 에베레스트라는 것은 모두 잘 알고 있을 것입니다. 이 에베레스트를 최초로 올라간 사람은 '에드먼드 힐러리'라는 영국인입니다. 힐러리는 1953년에 인간으로는 최초로 에베레스트에 올랐고 그 공로를 인정받아 영국 여왕으로부터 '기사' 작위를 받았습니다. 그런데 '텐징 노르가이'라는 이름을 아는 사람은 많지 않습니다. 텐징 노르가이는 힐러리가 에베레스트를 오를 때 짐을 나눠 지고 함께 올라간 셰르파입니다. 분명 그도 에베레스트를 같이 올라갔지만 한동안 세상 사람들은 그가 에베레스트를 인류 최초로 등반한 사람이라는 것을 애써 무시했습니다. 당시의 관점에서 본다면 그는 백인 등반가를 돕는 현지인 '짐꾼'에 불과했기 때문이지요. 그러나 그 후 이것이 부당하다고 생각한 사람들의 노력으로 셰르파가 전문 등반가라는 인식이 자리 잡으면서 서서히 세상 사람들은 힐러리뿐만 아니라 텐징 노르가이를 인류 최초의 에베레스트 등반가라고 인정하기 시작했습니다.

이 책은 미국의 민권 운동에서 하마터면 텐징 노르가이처럼 잊힐 뻔한 작고 용기 있는 여자아이 '클로뎃 콜빈'에 대한 이야기입니다. 인터넷에서 '미국의 민권 운동' 혹은 '시민 불복종 운동'이라는 단어를 검색하면 바로 나오는 이름이 '나에게는 꿈이 있습니다.'라는 연설로 유명한 마틴 루터 킹 목사, 그리고 몽고메리 버스 보이콧 운동을 촉발했다는 로자 파크스입니다. 민권 운동의 시작에 대한 이야기는 언제나 이렇게 시작합니다.

"앨라배마 주의 몽고메리라는 한 작은 도시에서 로자 파크스라는 한 흑인 여성이 백인 승객에게 자리를 양보하라는 버스 운전사의 지시를 거부한 일로 시작된……. 이에 마틴 루터 킹 목사의 주도하에 조직적인 시민 불복종 운동으로……."

그러나 이 책은 이 시민 불복종 운동의 시작을 앞으로 당깁니다. 로자 파크스의 불복종 이전에 이미 흑인 소녀 클로뎃 콜빈과 메리 루이스 스미스의 불복종이 있었음을 증언합니다. 알려진 역사 앞에 우리가 알지 못했던 역사가 있었음을 보여 줍니다. 그리고 공식적인 역사에서 부당하게 가려진 이들의 이야기를 발굴해 냅니다. 놀랍게도 이 불복종의 주인공, 용기의 주인공은 명예가 있거나 사회적 지위가 높거나 학식이 풍부한 사람이 아니라 작고 평범한 소녀들이었습니다. 역사는 이들이 작은 소녀였기 때문에 소홀히 스쳐 지나갔지만 지금 우리는 오히려 그 때문에 역사가 위대한 사람들이 아니라 보통 사람들의 용기로 만들어진다는 것을 알 수 있습니다. 자, 그럼 클로뎃 콜빈이 무엇에 무릎 꿇지 않았는지 살펴볼까요?

존엄, 그리고 모욕받지 않을 권리

인간은 모두 존엄합니다. 우리가 다 잘 알고 있는 이야기입니다. 인간은 피부색이나 종교, 혹은 성별이나 기타 자신의 관심사와 취향 때문에 다른 사람에게 차별받지 않고 존엄하게 대접받을 권리를 가지고 있습니다. 이것을 인권이라고 합니다. 인권은 그 사람이 특별한 어떤 것을 가지고 있기 때문이 아니라 그저 '사람'이기 때문에 가지는 권리입니다. 벌거벗고 아무것도 가지지 않은 사람이라고 하더라도 그가 바로 '사람'이기 때문에 다른 모든 사람들은 비단옷을 입은 사람만큼이나 그를 존중해 주어야 합니다. 다른 말로 하면 그가 벌거벗고 있다거나 돈이 없다거나 하는 것 때문에 누군가로부터 모욕을 당해서는 안 된다는 것입니다.

모욕은 인간이 느낄 수 있는 가장 큰 수치입니다. 제가 어렸을 때 이런 일을 겪었습니다. 학교에 성격이 참으로 좋지 못했던 한 교사가 있었는데, 걸핏하면 학생들을 두들겨 팼습니다. 그때마다 그 교사가 즐겨 했던 말이 "너희가 가축도 아니고 왜 사람 말을 못 알아듣냐?"라는 것이었습니다. 그러면서 "너희처럼 사람 말도 제대로 못 알아듣는 짐승들은 그저 두들겨 패야 말을 듣는다."라고 했습니다. 저를 비롯해서 우리 반 학생들은 이 교사를 정말 싫어했습니다. 무참한 매질도 싫었지만, 폭력적인 말이 더 싫었습니다. 학생 중에서는 차라리 욕먹는 것보다 맞는 것이 낫다고 말하는 친구들도 있었는데 모두 그 말에 공감했습니다. 때리는 것도 때리는 것이지만 그 교사의 말은 학생들의 인격을 모욕하는 말이었기 때문입니다.

클로뎃 콜빈은 바로 이 모욕에 맞서 항의했습니다. 물건이나 동물처럼 취급되었던 미국의 흑인들은 1863년 링컨 대통령의 선언으로 노예 상태에서 해방되었지만, 1950년대에도 남부에서는 여전히 차별이 심각했습니다. 클로뎃이 살았던 몽고메리 시에서는 버스를 탈 때에도 흑인은 공정하지 않은 대우를 감수해야 했습니다. 이 책에 나오는 것처럼, 짐 크로 법에 의해 흑인 좌석과 백인 좌석은 분리되어 있었지만, 흑인은 백인이 요구하면 자리를 양보하고 뒤로 물러나야 했습니다. 짐 크로 법이 내세우는 분리는 오히려 차별에 가까웠습니다. 법 자체가 이미 흑인들을 차별하고 모욕하도록 만들어져 있었던 것입니다.

공정하지 못한 대우에 항의라도 하면 곧바로 경찰이 출동했습니다. 경찰들은 흑인들에게 욕을 하며 모욕적으로 대했습니다. 자리를 비키라는 운전사의 요구에 클로뎃은 자리를 양보하지 않아도 되는 것이 '헌법상의 권리'라고 항의했지만 돌아온 것은 욕설뿐이었습니다. 운전사만이 아니었습니다. 경찰들도 클로뎃을 '검둥이 년'이라고 부르거나 '창녀'라고 욕하면서 놀려 댑니다. 경찰이 욕을 해도 된다고 법이 허락한 것은 아닙니다. 미국 남부의 문화가 흑인들의 존엄을 짓밟고 모욕해도 된다고 합의한 것이었습니다.

　이처럼 제도와 일상적인 문화 모두 차별적이고 타인에게 모욕을 주는 것을 허용하는 사회를 우리는 반인권적인 사회라고 부릅니다. 반인권적인 사회는 공정하지 않고 정의롭지도 않은 야만적인 사회입니다. 흑인이 범죄를 저지르면 득달같이 조사하고 엄격하게 처벌하지만 백인이 죄를 저지르면 유야무야되는 사회를 우리는 공정하다고 말하지 않습니다. 어떤 사람들은 법과 같은 제도가 사람에게 모욕을 주는 사회를 품위 없는 사회라고도 부릅니다. 품위 있는 사회란 구성원들이 공동체에서 배제되지 않고 존중받는 사회를 말합니다. 구성원 모두가 누구로부터도 모독받지 않고 스스로의 명예를 지킬 수 있는 사회입니다. 이런 사회에서 사람들은 각자 타인을 존중하고 자기 자신을 절제함으로써 스스로의 고상함과 명예를 드러낼 수 있습니다. 이렇게 본다면 백인들은 자신들은 품위가 있고 흑인들은 야만적이라고 차별했지만, 사실은 흑인들을 차별하고 모욕함으로써 백인들이야말로 품위도 없는 야만인임을 스스로 드러낸 셈입니다.

한 걸음 더 인권, 환대받을 권리

　이처럼 이 책의 주인공인 클로뎃은 흑인에 대한 제도적이고 문화적인 모욕에 대해 항의했습니다. 그러나 조금 자세히 살펴보면 클로뎃이 주장한 것은 '모욕받지 않을 권리'보다 한 걸음 더 나아가 있습니다. 모욕받지 않는다는 것은 이 말이 주는 느낌 그대로 소극적입니다. 이 말은 남을 차별하지만 않으면 괜찮은 것처럼 들립니다. 차별하지만 않으면 타인의 고통이나 삶에 대해서 무심해도 된다는 말로 들립니다. 그러나 방향을 조금만 돌려서 생각해 봅시다. 클로뎃이 주장한 것은 버스를 타는 주민으로서 버스 운전사로부터 '환대받을 권리'라고 할 수 있습니다.

다들 알다시피 환대란 남을 반기는 것을 말합니다. 인권을 조금 확장해서 생각해 보면 바로 우리 모두는 인간이기 때문에 다른 사람들로부터 따뜻하게 환대받을 권리가 있습니다. 환대의 좋은 예를 하나 들어 볼까요? 인천에 '민들레 국수집'이라는 노숙인을 위한 무료 식당이 있습니다. 배고픈 사람은 아무 때나 이 식당에 찾아가서 식탁에 앉아 편안하게 밥을 먹을 수 있습니다. 이곳에서는 식판을 들고 길게 줄을 설 필요도 없고, 길가에 쭈그리고 앉아서 밥을 먹지 않아도 됩니다. 노숙인이라고 하더라도 인간으로서의 품위를 지켜 주는 것입니다. 민들레 국수집은 정말 '환대'의 마음이 있는 것이지요.

이런 점에서 본다면 미국 남부의 법과 문화는 흑인을 모욕하기만 한 것이 아니라 환대받을 권리를 완전히 배척한 것입니다. 그렇기에 클로뎃이 자리에서 물러나기를 거부하면서 자신이 '헌법상의 권리'를 주장하는 것이라고 목청을 높였을 때, 그녀는 미국 국민으로서 미국 사회에서 자신이 환대받을 권리가 있다고 주장한 것입니다.

그러나 슬프게도 클로뎃을 배척한 것은 백인들뿐만이 아닙니다. 이 책에는 클로뎃이 같은 흑인들에게서도 배척받는 이야기가 나옵니다. 처음에 사람들은 클로뎃을 영웅 대접 해 주었습니다. 그러나 점차 같은 학교의 친구부터 마을 사람들, 그리고 흑인 민권 운동의 지도자라는 사람들도 클로뎃을 환대하지 않습니다. 학교 친구들은 클로뎃이 버스에서 말썽을 일으키지 말았어야 한다고 비난했습니다. 공연히 분란만 일으켰다는 것이지요. 더구나 클로뎃이 머리를 백인처럼 쭉 펴지 않고 흑인 고유의 곱슬머리 그대로 학교에 나타났을 때 그녀는 말썽쟁이로 완전히 낙인이 찍히고 맙니다. 남자 친구도 그녀의 곁을 떠납니다. 흑인 지도자들도 마찬가지였습니다. 그들은 인종 차별 문제를 법정에서 풀어 갈 '대표'를 찾고 있었습니다. 그 사람은 품위와 교양이 있어야 하고 사람들에게 존중받는 사람이어야 했습니다.

그러기에는 청소년에 불과한 클로뎃은 전혀 믿음직스럽지 않았습니다. 학교 친구부터 지역 사회 지도자들에 이르기까지 클로뎃을 '감정적이고', '자제력이 부족하고', '불경스럽고', '나대는' 사람이라고 생각한 것입니다. 설상가상으로 클로뎃은 이 과정에서 임신을 하게 되고 본격적인 불복종 운동은 로자 파크스라는 여성이 등장할 때까지 미뤄지게 됩니다. 이것이 흑인들의 시민 불복종 운동의 역사가 클로뎃이 아닌 로자 파크스로부터 시작하게 된 이유입니다.

그러나 용기, 세상을 바꾸는 힘

그러나 클로뎃은 좌절하지 않습니다. 자신이 부당하게 대접받고 있다는 것, 흑인들에게서조차 환대받지 못하고 있다는 것이 클로뎃을 완전히 좌절시키지는 못했습니다. 로자 파크스의 불복종 이후 대대적인 불복종 운동, 버스 승차 거부 운동이 시작됩니다. 그리고 마침내 몽고메리의 버스 인종 분리법은 연방 법원에 '브라우더 대 게일 소송 사건'이라는 이름으로 법정에 올려지게 됩니다.

용기는 위험을 감수하는 힘입니다. 클로뎃은 '브라우더 대 게일 소송 사건'의 증인이 됨으로써 인종 차별주의자들의 공격을 받을 수도 있었습니다. 자신뿐만 아니라 가족들도 위험에 처할 수 있었습니다. 또한 법정에서 집요하게 공격적으로 질문을 던지는 백인 변호사들에 맞서 당당하게 이야기를 하는 것도 큰 용기를 필요로 하는 일입니다. 좀 더 친숙한 예를 들어 봅시다. 왕따를 당하는 친구를 보호하기 위해 다른 친구들에게 말할 때는 내가 왕따가 될 수도 있다는 위험을 감수해야 합니다. 이처럼 용기는 위험을 감수하겠다는 각오입니다.

그러나 클로뎃의 용기는 클로뎃만의 용기가 아닙니다. 우리는 용기라고 하면 언제나 늘 영웅 같은 한 초인의 고독하고 외로운 결단을 떠올립니다. 물론 그것도 용기이며, 세상을 바꾸는 데 그런 영웅들의 용기가 필요합니다. 하지만 클로뎃이나 우리 같은 보통 사람들의 용기는 주변의 격려와 지지가 있을 때 빛을 발합니다. 위험을 같이 나누려는 사람이 있을 때 우리는 정말로 용기를 낼 수 있습니다. 다행히 클로뎃의 가족들은 클로뎃을 적극적으로 지지하고 같이 위험에 대처하기로 결심했습니다. 변호사인 프레드 그레이도 다른 흑인 지도자들과 달리 클로뎃을 확실히 믿었습니다.

이런 믿음과 지지에 힘입어 클로뎃은 법정에서 분명하게 자신의 권리를 주장합니다. 인종 차별주의자들이 그녀의 어린 나이를 빌미 삼아 이 모든 시끄러운 사건의 배후에 마틴 루터 킹 목사가 있다고 증명하려 할 때 그녀는 분명하게 다음과 같이 말합니다. "우리 지도자는 우리 자신이에요."라고요. 흑인들이 누군가의 지시에 의해 수동적으로 움직이는 로봇이라고 몰아가며 흑인들의 주체적인 행동을 모욕하려는 인종 차별주의자들에게 다시 한 번 한 방 먹인 것입니다. 클로뎃은 다시 이야기합니다. "우리 모두가 스스로를 대변해요."라고 말입니다. 그리고 마침내 그들은 승리합니다.

그러나 아직 먼 길

몽고메리에서 시작된 흑인들의 시민 불복종 운동은 성공했지만 그것이 미국 사회가 품위 있고 공정한 사회가 되었다는 것을 말하지는 않습니다. 여전히 흑인들은 알게 모르게 차별과 모욕에 시달리며 환대받지 못하고 있습니다. 지금도 미국에서는 백인보다 흑인이 감옥에 갈 확률이 12배나 높습니다. 미국 인구에서 흑인이 차지하는 비율은 12%이지만 교도소에서 흑인의 비율은 40%나 됩니다. 그리고 25세에서 29세 사이의 흑인 청년 인구의 8.4%가 교도소에 수감되어 있습니다. 이런 사회를 우리는 공정하고 정의로운 사회라고 부르지 않습니다.

어디 이러한 상황이 미국 흑인들만의 일이겠습니까? 한국은 어떻습니까? 우리는 주변에서 모욕당하고 환대받지 못하는 사람들을 자주 목격합니다. 2010년 1월, 서울역에서 한 노숙인이 찬바람이 쌩쌩 부는 추운 겨울에 밖으로 쫓겨났다가 얼어 죽는 사건이 벌어졌습니다. 서울역 직원이 만취 상태의 노숙인을 밖으로 끌어내라고 공익근무요원에게 지시했고, 노숙인은 대합실 출구 앞에 버려져 방치되었습니다. 그때 이미 그 노숙인은 갈비뼈가 부러지고 바지가 벗겨져도 모를 정도로 의식을 잃은 상태였습니다. 얼마 후 다른 공익근무요원이 나타나 그 노숙인을 휠체어에 태워 서울역 바깥의 다리 밑으로 옮겨 놓았고, 그렇게 그분은 그만 목숨을 잃고 말았습니다. 법적으로야 문제가 없다고 하지만 우리 사회가 사회적 약자를 어떻게 취급하는지를 적나라하게 보여 준 사건입니다.

청소년들은 어떻습니까? 앞에서 잠시 한 제 이야기처럼 과거에 학교에서 체벌과 욕설은 비일비재한 일이었습니다. 그 어디에도 인간에 대한 존중이나 교실에서 누구나 환대받을 권리 같은 것은 없었습니다. 지금은 어떤가요? 유감스럽게도 교실에서 인권이 존중받는 길은 여전히 멀고도 험한 것 같습니다. 오죽했으면 청소년 인권 교육 활동가인 제 친구가 학생 인권을 이야기하는 책 제목으로 '인권은 교문 앞에서 멈춘다'라는 말을 썼겠습니까. 서울시에서 학교 체벌을 전면 금지하는 계기가 된 '오장풍 사건'만 봐도 잘 알 수 있습니다. 서울의 한 초등학교에서 한 학생이 다른 학생과 싸웠다는 이유로 교사로부터 뺨을 맞고 바닥에 내동댕이쳐져 무차별적인 폭행을 당하는 사건이 있었습니다. 이 교사는 걸핏하면 학생들을 벽에 밀치고 장풍을 쏘듯이 폭행을 했다가 오장풍이라는 별명을 얻었다고 합니다. 하지만 반인권적인 것은 교사에 의한 체벌이나 욕설만이 아닙니다. 학생들 사이에서 벌어지는 '빵 셔틀'과 같은 학교 폭력도 마찬가지입니다.

그래서 사람이라면 누구나 존중받고 환대받는 사회를 만들기 위해서 우리가 먼저 교실에서부터 용기를 내야 합니다. 우리가 역사에서 묻힐 뻔한 클로뎃의 이야기를 읽는 것도 이것이 남의 이야기가 아니라 우리 이야기이기 때문입니다. 그리고 이런 이야기는 친구들과 함께 읽는 것이 좋습니다. 나 혼자 읽어 버리면 도저히 세상과 맞설 용기가 나지 않습니다. 친구들이 있기 때문에 내가 좀 더 용기를 낼 수 있고, 내가 용기를 좀 더 낸 덕에 세상이 바뀌는 것입니다. 주변 친구들과 함께 이 책을 읽고 교실과 학교, 그리고 사회에 대해 토론하면서 나에게 용기를 주는 사람들, 내가 믿고 의지할 사람들을 만드는 것이 세상을 바꾸기 위해 우리가 내딛을 수 있는 첫걸음입니다. 자, 이제 친구들과 함께 클로뎃 콜빈의 이야기를 들어 볼까요?

1부
첫 번째 외침

누군가가 저지른 불의는 이 세상 모든 정의를 위협한다.

—마틴 루터 킹(흑인 민권 운동가, 목사)

맹세컨대 나는 아직도 모르겠네.
민주주의가 왜 나한테만 소용없는지를.

— 랭스턴 휴즈

Langston Hughes: 1902~1967, 1920년대 미국 흑인 문예 부흥을 주
도했고, 현재까지 미국의 대표적인 흑인 시인으로 평가받고 있다.

1장

짐 크로 법과 지긋지긋한 숫자 10

클로뎃 : 백인 앞에서 조심하지 않으면 어떻게 되는지 네 살 무렵에 처음 알았어요. 잡화점에서 줄을 서서 기다리는데 어린 백인 남자애가 내 앞으로 새치기를 했어요. 잠시 후 그 아이보다 조금 큰 아이들이 문으로 들어와 웃기 시작했어요. 나는 아이들이 뭘 보고 그러는지 주위를 둘러봤어요. 나한테 손가락질을 하더군요.

어린 남자애가 말했어요.

"손 좀 줘 봐. 나도 볼래."

어쩐 일인지 아이들은 내 손을 보고 싶어 했어요. 나는 손을 들어 올려 손바닥을 펴 보였어요. 그랬더니 남자애가 자기 손을 내 손에 대보는 게 아니겠어요. 남자애 손이 내 손에 닿았죠. 나이 먹은 아이들은 배꼽을 잡고 웃었어요. 엄마가 우리를 봤어요. 그다음엔 우리를 빤히 보는 남자애

엄마를 바라봤죠. 이윽고 엄마는 가게 안을 가로질러 오더니 손등으로 내 얼굴을 때렸어요. 나는 눈물을 터뜨렸어요.

엄마가 말했어요.

"백인이랑 닿으면 안 되는 거 몰라?"

남자애 엄마가 우리 엄마한테 고개를 끄덕이며 말했어요.

"메리, 당신 말이 맞아요."

다음부턴 절대로 백인과 접촉하면 안 된다는 걸 그때 깨달았어요.

여러분이 클로뎃 콜빈처럼 1940년대와 1950년대에 앨라배마 중부에서 흑인으로 성장했다면 짐 크로 법이 요람에서 무덤까지 인생을 지배했을 것이다. 흑인 아기와 백인 아기는 서로 다른 병원에서 태어나고, 어른이 되어서도 서로 분리되어 살아가고, 죽어서는 서로 다른 묘지에 묻혔다. 법률, 간판, 칸막이, 화살표, 조례, 불평등한 기회, 규정, 모욕, 위협, 종종 폭력을 등에 업은 관습이 거미줄처럼 빽빽하고 면밀하게 얽혀 인종을 갈

짐 크로는 누구인가?

1830년대부터 1950년대까지 유행한 '민스트럴 쇼'라는 음악극에는 코르크를 태워 얼굴에 바르고 흑인의 삶을 조롱하는 백인 연기자들이 주인공으로 등장했다. 토머스 '대디' 라이스 는 「점프 짐 크로」라는 노래로 민스트럴 쇼를 대중화한 인물인데, 그도 어느 흑인 가수가 부 르는 것을 듣고 이 노래를 알게 되었다고 한다. 노래가 크게 히트하면서 짐 크로는 민스트럴 쇼의 단골 등장인물이 되었고, 나중에 흑인과 백인을 분리하는 법률과 관습의 전체 체계를 지칭하는 용어로 바뀌었다.

라놓았다. 그리고 인종 분리 정책을 아우르는 전체 체계를 짐 크로 법이라고 했다.

짐 크로 법의 목적은 백인과 흑인을 분리하는 것뿐 아니라 흑인을 빈곤에서 헤어나지 못하게 하는 것이었다. 1950년에 앨라배마 주의 수도인 몽고메리 시에 사는 흑인 여성 다섯 명 가운데 세 명은 백인 가정의 가정부로 일했고, 일자리가 있는 흑인 남성 네 명 가운데 세 명은 잔디를 깎거나 다른 허드렛일에 종사했다. 흑인 노동자의 평균 임금은 백인 노동자의 절반에 불과했다.

"흑인에게 열려 있는 유일한 전문직은 흑인 교회 목사나 인종 분리 정책으로 흑인만 다니는 학교 교사뿐이었어요."

1950년대에 몽고메리에서 제일 침례교회 목사로 일했던 랠프 애버내티가 당시를 회상하며 한 말이다.

짐 크로 법 때문에 흑인은 백인과 함께 공부하거나, 놀거나, 식사를 하거나, 일하거나, 버스나 기차를 타거나, 예배를 드리거나, 엘리베이터를 타거나, 공원에서 공놀이를 하지 못했다. 흑인과 백인 시민은 서로 다른 식수대에서 물을 마시고, 서로 다른 화장실을 이용했다. 흑인과 백인은 한 팀에서 운동할 수 없었고, 결혼을 할 수도 없었으며, 수영장에서 함께 수영할 수도 없었다.

흑인 시민의 일상생활을 지나치게 규제하지 않는 인종 분리법도 있었지만, 버스의 경우에는 사정이 달랐다. 버스에 타는 건 고통이 멈추지 않는 치통에 걸린 것과 마찬가지였다. 클로뎃 콜빈의 부모처럼 가정부나 정

"백인 손님에게만 음식을 팝니다."

원 청소부로 일하는 흑인들은 백인 가정에서 날품을 팔고 푼돈을 벌었다. 몽고메리의 집들은 멀리 떨어져 있어서 그들은 백인 고용인의 집에 갈 때 버스를 타야 했다. 수많은 흑인 학생들도 어려서부터 환승 정류장과 시간표를 외워서 버스를 타고 학교에 갔다. 흑인 학생들은 녹색과 황금색 버스들이 칙칙 소리를 내며 버스 정류장으로 들어와 문을 열 때까지 구석에 모여 잡담을 나누고, 장난치고, 벼락공부를 했다. 흑인들은 대부분 버스를 탈 수밖에 없었다.

하지만 흑인 승객들은 버스를 타며 굴욕을 감수해야만 했다. 모든 승객은 앞문으로 탄 뒤 운전사 옆에 있는 요금통에 차비를 넣었다. 하지만 앞쪽의 백인 전용 좌석이 모두 비어 있지 않으면 흑인들은 버스에서 내려 뒷문으로 다시 타야만 했다. 때로는 미처 타지도 못했는데 버스를 몰고 가 버리는 운전사도 있었다.

애틀랜타나 내슈빌, 모빌 같은 남부의 다른 도시들에서는 흑인 승객은 뒷좌석에 앉고, 백인 승객은 앞좌석에 앉았다. 앞뒤 좌석이 모두 차면 가운데 좌석에 섞여 앉았고, 빈 좌석이 없으면 흑인과 백인 승객이 모두 서서 갔다.

하지만 몽고메리에는 독자적인 규칙과 전통이 있었다. 몽고메리 시내 버스는 좌석이 모두 서른여섯 개였다. 앞쪽 네 줄에 열 명이 앉을 수 있었는데, 모두 백인 승객을 위한 자리였다. 매일같이 피곤에 지친 흑인 승객들은 앞쪽에 빈자리가 있어도 서 있어야만 했다. 그들은 자리에 못 앉은 승객들로 붐비는 통로에서 짐과 어린아이를 놓치지 않으려고 몸싸움을 하며 간신히 균형을 잡았다. 앞쪽 열 좌석 뒤에 앉고 못 앉고는 운전사한테 달려 있었다. 운전사는 승객이 어느 자리에 앉았는지 살피려고 머리 위쪽에 달린 뒷거울을 계속 흘긋거렸다. 백인용 좌석 열 개가 모두 차면 운전사는 버스 중간과 뒤쪽에 앉은 흑인 승객들에게 새로 탄 백인 승객한테 자리를 양보하라고 지시했다. 백인 승객 한 명이 흑인 승객 네 명이 앉은 줄에 앉고 싶어 하면 운전사는 뒷거울을 흘낏 올려다보며 고함을 질렀다.

"거기 모두 일어나쇼!"

그러면 흑인 승객 네 명은 자리에서 일어나 뒤쪽으로 가야만 했다.

흑인 승객이 나이가 많거나, 임신을 했거나, 환자이거나, 무릎에 아이를 앉히고 있거나 하는 건 문제가 되지 않았다. 또 시내버스 법률이나 조례에 따르면 1900년부터 흑인 승객은 옮겨서 앉을 자리가 없다면 자리를 양보할 필요가 없었지만 그것도 지켜지지 않았다. 운전사들은 말 한마디로 흑인 승객들의 자리를 옮기는 게 관례가 될 때까지 시내버스 법률을 다짜고짜 무시했다. 운전사는 자신이 일어나라고 말하면 흑인들이 일어날 거라고 기대했고, 흑인들은 실제로 자리에서 일어났다. 뒤쪽에 빈자리가 없다면 흑인 승객들은 그저 운을 탓해야만 했다.

몽고메리 시티 라인즈 버스 회사는 거친 사람을 운전사로 채용했다. 그리고 몽고메리 시 조례는 버스 운전사에게 경찰권도 부여했다. 버스 운전사들은 고용된 첫날부터 자기의 주요 임무가 버스 운전 말고 짐 크로 법을 강제하는 것임을 알아차렸다. 심지어 권총을 가지고 다니는 운전사들도 있었다.

긴 하루를 마치고 돌아오는 길에 빈자리가 뻔히 보이는데도 서 있어야 하는 건 우울하고 화가 치미는 일이었다.

To the COLORED
WAITING ROOM

"빈자리 열 개는 피곤에 지친 흑인 노동자들에게 강박이 되었다. 흑인들 사이에서 숫자 10은 지긋지긋한 숫자였다. 아무도 10과 관련된 물건을 갖지 않으려고 했다."

당시 앨라배마 주립 대학 영문과 교수였던 조 앤 로빈슨이 쓴 글이다.

흑인들은 만원 버스에 시달리며 인종 분리 정책의 야만성을 더욱 절실하게 느꼈다.

"흑인 운전사는 없었습니다. 운전사가 흑인 승객들을 '검은 젖소'나 '검은 원숭이'라고 부르는 게 다반사였죠."

마틴 루터 킹이 몽고메리 시내버스를 회상하며 한 말이다.

한동안 몇몇 흑인 승객들이 운전사의 횡포에 맞서기도 했다. 1946년에 저니버 존슨은 버스 운전사가 시키는 대로 하지 않고 '말대꾸'를 했다는 이유로 체포되었다. 저니버 존슨이 소란 행위로 고발되어 벌금을 낸 뒤 사건은 마무리되었다. 그로부터 몇 년 뒤 바이올라 화이트와 케이티 윙필드가 백인 좌석에 앉았다가 체포되었다. 두 사람도 유죄를 선고받고 벌금을 냈다.

1949년 여름, 뉴저지 주에 사는 열여섯 살 소녀 에드위너 존슨과 한 살 아래 남동생 마셜 존슨이 친척을 만나러 몽고메리에 왔다. 몽고메리에 머무는 동안 시내버스를 탄 남매는 백인 남자와 그 아들의 옆자리에 앉았다. 백인 아이가 마셜한테 다른 자리로 옮기라고 명령했다. 기분이 잔뜩 상한 마셜은 백인 아이의 명령을 거부했다. 버스 운전사가 존슨 남매에게 뒷자리로 가라고 두 번 명령했지만, 남매는 꿈쩍하지 않았다. 어떻게 뉴저지 주와 몽고메리가 이렇게 다를 수 있단 말인가? 화가 난 버스 운전사가 경찰관에게 무전기로 연락했고, 경찰관이 다음 정류장에서 기다리고 있다가 남매를 체포했다. 전화를 받은 친척이 부랴부랴 경찰서로 달려와 벌금을 내고 남매를 유치장에서 꺼냈다. 겁에 질린 존슨 남매는 바로 뉴저지 주로 돌아갔다.

더 험악한 경우도 있었다. 엡시 워디라는 여자가 환승역에서 추가 요금을 내지 않겠다고 하자 운전사가 욕을 마구 퍼부어 댔다. 엡시 워디가 추가 요금을 내는 대신 버스에서 내리는 쪽을 택했지만, 운전사는 쫓아와 주먹으로 때리기 시작했다. 엡시 워디가 운전사에 맞서 주먹다짐을 하자 운전사는 그녀를 때리면서 침을 뱉었다. 경찰관이 나타나 운전사와 엡시 워디를 떼어 놓은 뒤, 엡시 워디만 소란 행위로 입건했다.

1952년에 일어난 가장 충격적인 사건은 브룩스라는 남자가 시내버스에 올라 요금통에 동전을 넣고 통로를 따라 뒷자리로 가고 있을 때 벌어졌다. 운전사가 브룩스에게 앞문으로 내렸다가 뒷문으로 다시 타라고 소리를 질렀다. 브룩스는 차라리 걸어가겠다며 차비를 돌려 달라고 했다. 운전사는 브룩스의 요청을 거절했고, 말싸움이 심해지자 경찰관을 불렀다. 잠시 후, 경찰관이 버스에 올라와 브룩스한테 내리라고 했다. 브룩스는 차비를 돌려받기 전까지는 꼼짝도 하지 않겠다고 버텼다. 경찰관이 브룩스한테 총을 쐈고, 브룩스는 나중에 총상 때문에 사망했다. 조사관은 경찰관이 브룩스를 쏴 죽인 걸 정당방위로 판결했는데, 브룩스가 체포에 불응했다는 게 그 이유였다.

혹인 전용 극장 젬 시어터

　운전사한테 대든 승객들은 대개 경찰서로 연행되어 벌금을 내고 나온 뒤 치욕적인 경험을 잊으려고 했다. 어떻게 싸울 수 있을까? 백인 판사, 위협적인 경찰관, 무례한 운전사, 시도 때도 없이 죄어드는 관습과 법률의 압도적인 영향력에 저항할 수 없었다.

　하지만 변화는 곧 일어날 것만 같았다. 1954년 5월 17일 월요일, 브라운 대 토피카 교육 위원회 소송 사건에서 미국 연방 대법원은 공립 학교에서의 인종 분리 정책을 위법이라고 판결했다. 이 판결은 짐 크로 법에 심각한 타격을 입었고, 남부 여러 주에 강력한 충격파를 일으켰다. 이 판결 이후 흑인 학생들은 그때까지와 다른 미래를 기대할 수 있었다. 그리고 어떤 학생들은 용기를 내어 새로운 미래를 열기 위해 행동했다.

그런 학생 가운데 열다섯 살 소녀 클로뎃 콜빈이 있었다. 클로뎃이 다니던 학교에서는 흑인 역사를 한 달 내내 쉬지 않고 가르치고 있었다. 1955년 3월 2일 3시 30분경, 호리호리하고 안경을 낀 고등학교 3학년 클로뎃 콜빈은 친구 몇 명과 함께 하이랜드 가든스 버스에 올라 백인 전용 좌석 뒤의 왼쪽 창가 자리에 앉았다. 클로뎃은 무릎 위에 교과서를 올려놓고 파란 원피스의 주름을 편 다음, 의자에 등을 기댔다. 다섯 블록을 지나면 클로뎃은 버스에서 내릴 것이다. 그런데 이 짧은 순간, 클로뎃의 삶의 방향을 바꾸고 미국 역사상 가장 중요한 사회 운동을 촉발하는 사건이 벌어지게 된다.

나는 하나님이 모든 사람을 사랑하신다고 믿어요.
왜 우리만 저주하시겠어요?

—클로뎃 콜빈

2장

검둥오리

클 로 뎃 : 나는 1939년 9월 5일 버밍햄에서 태어났어요. 원래 이름은 클로뎃 오스틴이에요. 광대뼈가 불룩 튀어나온 게 영화 배우 클로뎃 콜베르를 닮았다고 해서 친엄마가 지어 준 이름이에요. 친아빠 이름은 C. P. 오스틴이고, 친엄마 이름은 메리 제인 개드슨이에요. 친아빠는 일자리를 구하러 집을 나가서 1년 동안 밖으로 나돌다가 내 동생 델핀이 태어난 뒤에야 돌아왔어요. 하지만 얼마 못 가서 다시 집을 나갔죠. 친아빠가 세 번째로 돌아와 같이 살자고 했지만 친엄마가 안 된다고 했어요.

아기였을 때 나는 고모할머니 메리 앤 콜빈과 고모할아버지 Q. P. 콜빈한테 맡겨졌어요. 두 분이 사는 곳은 파인 레벨이라는 작은 마을이었는데, 몽고메리에서 231번 고속도로를 따라 50킬로미터쯤 떨어진 곳이었어요.

나는 메리 앤과 Q. P.를 엄마 아빠라고 불렀어요. 두 분은 친엄마 친아빠보다 나이가 훨씬 많았어요. 차라리 할머니 할아버지뻘 노인이었지만 나는 두 분을 사랑했어요. 두 분과 함께 지내는 게 행복했죠. 외동딸 벨마 언니가 교사로 일하느라 거의 1년 내내 집을 비워서 두 분이 나를 보살필 수 있었어요. 나중엔 내 동생 델핀도 와서 함께 살게 되었어요. 그래서 메리 앤, Q. P., 델핀, 그리고 나까지 네 명이서 한 가족이 되었죠. 강아지 벨, 말 두 마리, 닭, 젖소, 돼지들도 있었어요. 당시엔 2차 세계 대전이 한창이었는데, 암탉이 상한 달걀을 낳으면 히틀러의 앞 글자를 따서 'H'라고 표시했어요.

사람들은 내가 영리하다고들 했어요. 내가 정말 영리했는지는 모르겠지만, 호기심이 많았던 건 분명해요. 나는 뭐든지 궁금해서 별걸 다 물어봤어요. 별은 왜 안 떨어지죠? 일본은 어디에 있는 나라예요? 일본하고 중국은 다르죠? 하나님은 어떻게 단 엿새 만에 천지를 창조할 수 있었죠? 하나님이 별들도 만들었나요? 벨이 죽으면 천국에 가나요? 부활절이 월요일이 될 수는 없나요? 부활절은 예수님이 십자가에 못 박히고 사흘이 지난 날이잖아요. 그러면 토요일과 일요일을 지나 월요일이 되는 게 맞잖아요?

가장 풀기 힘든 수수께끼는 어떻게 백인이 우리를 지배하게 되었느냐는 거였어요. 남부에서는 백인이 흑인보다 뛰어나다고 가르쳤어요. 어쨌든 백인은 주인이고 우리는 백인을 위해 일했죠. 백인들은 하나님이 자기들을 특별하게 만들었다고 생각한댔어요. 엄마가 그랬어요. 교회학교 선생님은 노아가 흑인, 백인, 황인, 이 세 아들 가운데 흑인 아들에게만 저주를 내렸기 때문에 흑인은 저주받은 존재랬어요. 나는 그 말을 전혀 믿지 않았어요. 나에게 하나님은 모든 사람을 사랑하시는 분이었어요. 그러니까 우리만 저주할 이유는 없는 거죠. 엄마는 다른 사람들 앞에서 당당했어요. 나도 그랬고요. 한번은 존슨 목사님한테 이렇게 말한 적도 있어요.

"세상에 저주받은 인종이 있다면 나는 그런 하나님을 섬기고 싶지 않아요."

목사님은 그렇게 말하는 내가 대견스러운 것 같았죠.

나는 키가 크고 바싹 마른 말괄량이었어요. 그리고 집 밖에서 노는 걸 좋아하는 재빠른 아이였어요. 나는 누구보다 나무를 잘 탔어요. 한 살 위인 애니 루스 베인스와 가장 친했는데, 우리는 마을에서 집으로 오는 오솔길과 지름길을 모두 알고 있었어요. '출입 금지' 푯말도 우리한테는 아무 소용이 없었어요. 애니랑 나는 여름에 길을 건너며 모래 위에 곤충이 지나간 자국을 세고, 어떤 곤충이 남긴 자국인지 추측하곤 했어요. 한번은 학교에 가다가 길 한가운데서 스컹크를 봤어요. 스컹크에 가까이 다가간 적은 그때가 처음이었어요. 우리는 스컹크가 귀여워서 껴안으려고 달려갔는데, 녀석이 가스를 발사했어요. 학교에 가니 선생님이 냄새를 맡자마자 우리를 집에 돌려보내더군요.

파인 레벨에는 소작인 가족들을 위한 판잣집 몇 채, 학교, 교회, 그리고 잡화점밖에 없었어요. 하지만 나는 그곳이 전부 편안했어요. 마음대로 쏘다녔고, 우리 집 말고 엄마 친구네 집에서도 많이 잤어요. 여러 사람이 함께 나를 키운 셈이죠. 엄마랑 가장 친한 베이비 텔 아줌마네서 잠들 때도 있었어요. 아줌마는 키가 작고 포동포동했는데 나를 보면 늘 반가워했어요. 아줌마는 파인 레벨에서 가장 큰 낡은 농가에 살았어요. 백인이 주인이었던 그 농가를 아줌마가 어떻게 손에 넣게 되었는지 제대로 아는 사람은 없었어요. 아줌마네 다락방은 그림과 오르간, 낡은 물레 같은 것들로 꽉 차 있었죠. 애니와 나는 다락방 창문으로 밖을 내다보며 백인 군인들이 언덕 너머에서 곧 공격을 개시할 거라는 상상을 하곤 했어요.

마마 스위티 할머니네 집에서 잘 때도 있었어요. 할머니는 체구가 자그마한 60대 노인이었는데, 파인 레벨 최고의 독서가였어요. 할머니는 성경을 처음부터 끝까지 몇 번씩 읽었어요. 또 파란 표지의 웹스터 사전도 갖고 있었어요. 할머니는 파인 레벨에 사는 거의 모든 아이들에게 알파벳과 이름 쓰는 법, 땅콩을 이용해 숫자 세는 법을 가르쳤어요. 들판에서 돌아오는 마을 사람들을 위해 음식을 만들기도 했어요. 베이비 텔 아줌마와 마마 스위티 할머니는 엄마한테는 언니 같았고, 나한테는 엄마 같았어요. 두 분은 말벗이 되어 주는 나를 좋아했어요. 내가 쉴 새 없이 조잘대고 지치지 않고 질문을 쏟아 내는 바람에 엄마는 못 견뎌 하는 것 같았어요. 하지만 베이비 텔 아줌마와 마마 스위티 할머니는 전혀 귀찮아하지 않았어요. 오히려 좋아했죠.

우리 학교는 붉은색으로 장식한 한 칸짜리 흰색 목조 건물이었어요. 애니와 나는 매일 한 손에 도시락 가방을, 다른 손에 책가방을 들고 학교에 갔어요. 교실 한가운데에는 배불뚝이 난로가 있고, 벽에는 에이브러햄 링컨의 사진이 걸려 있었어요. 선생님 한 분이 초등학교 전 학년을 가르쳤는데, 학년별로 구분해 책상 한 개에 두 명씩 짝을 지어 앉혔어요. 교실이

클로뎃이 다닌 파인 레벨의 스프링 힐 초등학교는 사진 속 조지아 주의 시골 학교보다는
신식이었다. 하지만 흑인 어린이들이 다니는 여느 초등학교들처럼 교실 한 개에 선생님이
한 사람뿐이어서 전 학년이 한 교실에서 수업을 했고, 배불뚝이 난로로 난방을 했다.

꽉 차는 경우는 거의 없었어요. 아이들이 늘 농사일에 끌려 다녀야 했거든요.

"젖소 돌볼 놈 둘만 나와라!"

농부가 학교 복도에서 고함을 치면 애들이 번개처럼 문을 열고 나갔어요.

나는 학교가 좋았어요. 읽기 책 『딕과 제인』을 다 외워 버려서 담임 선생님은 내가 벌써 글을 읽을 줄 안다고 생각했어요. 어느 날 선생님은 나한테 소리 내어 책을 읽어 보라고 했어요. 하지만 나는 선생님이 읽으라고 한 곳보다 훨씬 앞쪽을 읽었어요. 선생님은 영문을 몰라 하며, 부모님한테 몽고메리로 나를 데려가서 시력 검사를 받아 보라고 말했어요. 나는 애니가 이야기하는 거랑 마마 스위티 할머니가 성경과 웹스터 사전 읽는 걸 들으며 2학년 과정도 미리 배웠어요. 2학년이 시작되자 이미 읽기, 쓰기, 맞춤법은 물론이고 산수도 어느 정도 할 수 있었어요. 그래서 시험을 치르고 3학년 수업을 듣게 되었죠. 그때부터 나는 늘 우리 반에서 가장 어렸어요.

나는 아는 백인이 많았고, 그 사람들도 나를 알았어요. 백인들 옆에서는 아주 조심해야 돼요. 그 사람들은 나이 든 흑인에게도 '씨', '양', '부인'을 붙이지 않고 그냥 이름을 부를 정도였거든요. 때론 우리 기를 누르려고 하찮은 별명을 붙이기도 했어요. 나는 검둥오리였어요. 어렸을 때 의사 선생님이 나한테 주사를 놓으면서 주사에 신경 쓰지 말라고 노래를 불러 줬어요. 의사 선생님은 "클로뎃은 세계 최고 귀염둥이"라고 노래를 불렀지만, '귀염둥이'가 '검둥오리'로 들리는 바람에 별명이 되어 버렸죠.

나는 신앙심이 깊었어요. 애니와 나는 애니네 집 뒤에서 의자를 놓고 예배를 드리며 교회 놀이를 했어요. 애니나 애니 남동생이 목사를 하면 나는 열혈 신도가 되었어요.

매달 두 번째 일요일에는 몽고메리의 H. H. 존슨 목사님이 우리 마을 작은 교회에서 예배를 드렸어요. 우리는 그날을 '대예배 주일'이라고 불렀죠. 사람들은 차, 짐마차 할 것 없이 모든 교통수단을 이용해 사방에서 몰려들었어요. 대예배 주일에 우리는 한낮에 교회에 가서 어두워질 때까지 집에 돌아오지 않았어요. 정기 예배를 보고, 프로그램을 진행하고, 합창 경연 대회를 했지요. 그다음엔 목사님 설교가 다시 이어지고, 다른 성가대가 찬송가를 불러요. 그렇게 교회에서 하루 종일 음식을 먹고 배가 불러 집으로 돌아오죠.

어느 대예배 주일이었어요. 예배가 시작하기 전에 나는 트럭 짐칸에 타고 잡화점으로 얼음을 가지러 갔어요. 오전 11시 무렵, 우리 트럭은 교회 건물 주인 존스 씨를 지나쳤어요. 존스 씨도 교회에 가는 길이었는데, 날이 더워서 재킷을 어깨에 걸치고 있었어요. 존스 씨가 다니는 교회는 잡화점에서 가까웠어요. 45분 뒤에 우리는 얼음을 싣고 돌아가는 길에 반대 방향으로 걸어가는 존스 씨를 다시 스쳐 지나갔어요. 존스 씨는 벌써 교회에 다녀온 거예요. 그건 백인이 흑인과 달라 보이는 또 한 가지 사례에 불과했어요. 어떻게 일요일에 하나님한테 예배를 드리는 데 한 시간도 걸리지 않을 수 있죠?

클로뎃이 여덟 살이 되었을 때 메리 앤 콜빈은 몽고메리에 있는 집 한 채를 상속받았다. 클로뎃 가족은 고향에서 살게 되었다는 기쁨에 들떴다. '맥'이라 부르는 말을 포함해 모든 재산을 이웃집 가축 트럭에 싣고 앨라배마 주의 수도 몽고메리로 향했다. 클로뎃 가족의 새집은 몽고메리 북동부에 위치한 두 백인 구역 사이에 끼여 있었다. 그 집은 높지 않은 언덕 위에 자리 잡은 목조 가옥이었다. 근처 사람들이 '킹 힐'이라고 부르는 언덕에는 비포장 도로 세 곳을 중심으로 붉은 판잣집과 목조 가옥이 줄지어 서 있었다. 화장실은 집 밖에 있었다. 킹 힐은 빈곤에 허덕이는 위험한 지역이라고 알려져 있었지만, 클로뎃 가족은 이웃끼리 흉허물이 없고 서로를 잘 돌봐 주는 아주 끈끈한 공동체라고 생각했다. 사람들은 레크리에이션 센터가 있는 근처 작은 공원에서 아이들이 뛰어노는 동안 현관 앞에 앉아 부채질을 하며 눅눅한 공기를 잊곤 했다. 클로뎃은 처음에는 친구 애니와 사방이 탁 트인 시골을 떠난 게 슬펐지만, 곧 도시 생활에 적응했다.

클 로 뎃 : 나는 작은 난로가 있는 뒤쪽 침실에서 델핀이랑 같이 잤어요. 델핀은 재빨리 기도를 마치고 침대로 뛰어들었어요. 그러고는 내가 얼른 기도를 마치기를 기다렸죠. 나는 이것저것 간청하고 내가 아는 사람들을 모두 축복하느라 기도가 꽤 심각했어요. 하지만 델핀은 재빨리 주기도문을 외운 뒤 침대로 뛰어들었죠. 델핀은 내가 침대에 올라가기 무섭게 떠들기 시작했어요. 이런저런 단어들의 철자를 어떻게 쓰는지 물어보고, 라디오

에서 들은 노래를 부르고, 새로운 춤을 추느라 몸을 꼼지락거렸어요. 델핀 때문에 밤새 잠을 못 잤어요.

거실에는 아빠만의 특별 의자가 있었는데, 다른 사람은 앉지 못했어요. 아빠는 너무 작아서 군대에도 갈 수 없을 정도였지만, 강인해서 뭐든지 할 수 있었어요. 파인 레벨에 있던 옛집도 아빠가 지었는데, 만들고, 키우고, 고치고, 아빠 손이 안 닿은 데가 거의 없었어요. 아빠는 재미있는 분이었어요. 일요일 아침이면 바닥에 나를 앉혀 놓고 만화책을 읽어 주곤 했어요.

우리 집엔 선풍기가 있었지만 전기를 사정없이 먹어 치워서 일요일에만 켰어요. 버스 보이콧 운동이 벌어지기 전까지 텔레비전은 없었어요. 라디오도 배터리가 부족해서 백인 방송 WSFA를 한 번에 한 시간밖에 못 들었어요. 내가 가장 좋아한 프로그램은 『미스터 코미디언』이었는데, 형사가 변장을 하고 활약을 펼치는 이야기예요. 『그랜드 올레 오프리』도 들었어요. 몽고메리 출신의 유명한 컨트리 음악 가수 행크 윌리엄스가 그 프로그램의 스타였죠. 그가 죽었을 때 몽고메리 역사상 가장 많은 인파가 장례식에 참석했어요. 많은 흑인들이 행크 윌리엄스의 음악을 좋아했기 때문에 그 부인은 흑인도 초대했죠. 하지만 엄마는 내가 장례식에 참석하는 걸 허락하지 않았어요. 장례식도 흑인과 백인을 가른다는 게 이유였어요.

나는 시내에 가는 걸 좋아했어요. 흑인들이 주로 모이는 몽고메리의 먼로 스트리트에는 J. J. 뉴베리나 크레스 같은 싸구려 잡화점이 있었어요. 크레스 뒤편에는 핫도그 판매대가 있었고요. 그곳에서 일하는 아줌마는 아빠랑 아는 사이였는데, 소다수 상자를 쌓아 놓곤 했어요. 나는 그 상자에 앉아 핫도그를 먹으면서 소다수를 마셨어요.

하지만 시내에 나갔다가 화가 날 때도 많았어요. 흑인도 백인 가게에서 물건을 살 수는 있었어요. 그런데 백인 가게 주인들은 우리 돈만 좋아했지 옷을 입어 보는 것조차 못 하게 했어요. 나는 백인들처럼 탈의실에 가 본 적이 없어요. 여점원이 내 치수를 잰 뒤 원피스나 블라우스를 가지고 왔어요. 여점원은 옷을 내 몸에 대보면서 꼭 맞는다고 말했어요. 그리고 엄마가 계산하길 기다렸죠. 델핀과 내가 신발을 살 때 엄마는 갈색 봉투에 우리 발 모양을 그려서 가져가야만 했어요. 신발 가게에서 신발을 신어 볼 수 없었거든요.

머리에 스타킹을 쓰지 않으면 모자를 써 볼 수도 없었어요. 백인들은 우리 머리카락이 '기름투성이'라고 말했어요. 백인들은 늘 자존심이 상하게 말했어요. 우리한테 정중하게 부탁하거나 양해를 구하지도 않았고요. 한번은 엄마하고 가게에 갔다가 정말 예쁘고 탐나는 부활절 모자를 봤어요. 모자를 써 보는 아이도 없는데 여점원은 계속해서 다른 모자만 보여 줬어요. 무슨 까닭인지 몰라도 내가 그 모자를 쓰는 게 마뜩잖은 것 같았어요. 나는 점점 더 화가 났어요. 여점원은 내가 원하지도 않는 모자를 들고 "왜 이 모자가 마음에 안 드니?"라고 되풀이했어요. 마침내 나는 짜증이 나서 말했죠.

"내 귀는 아줌마처럼 뾰족하게 나와 있지 않으니까요."

깜짝 놀란 엄마가 내 입을 막은 채 가게 밖으로 끌고 나갔어요.

흑인 출입구

　시력을 재러 시내에 갔을 때도 기분 나쁜 일이 있었어요. 아빠와 나는 일찍 안과에 갔어요. 내가 첫 번째 환자였지요. 대기실에는 의자가 하나뿐이었어요. 의사가 우리한테 진료가 끝날 무렵에 다시 오라고 했어요. 왜 그래야 하는지 몰라서 어리둥절했는데, 집에서 아빠가 엄마한테 하는 말을 우연히 듣고 이유를 알게 됐어요. 의사는 백인 환자들이 앉기도 전에 나를 의자에 앉히기 싫었던 거예요. 흑인이 앉은 의자에 백인 환자들이 앉지 않으려 한다는 걸 알고 있었던 거죠.

　흑인이라서 갈 수 없는 곳, 할 수 없는 일이 너무나 많았어요. 오크 파크는 우리가 사는 언덕 바로 아래 있었는데, 시내에서 가장 아름다운 공원이었어요. 하지만 흑인들은 그저 지나다닐 수만 있었어요. 공놀이를 하거나 벤치에 앉으려고 하면 경찰관이 내쫓았지요.

어느 해인가 몽고메리 대경기장에서 최고의 카우보이 배우 로이 로저스와 데일 에반스 부부가 출전하는 로데오 경기가 열렸어요. 모두가 흥분했지요. 백인들을 위한 공연을 먼저 하고, 흑인들을 위한 공연은 따로 한다고 했어요. 부모님은 나한테 카우보이 모자를, 델핀한테는 카우보이 장화를 사 주셨어요. 아빠는 집 뒤 축사에서 '맥'이라는 말을 길렀어요. 우리는 매일 광이 날 때까지 맥의 털을 솔질하고, 새 카우보이 옷을 입고 차례로 말을 탔어요. 그런데 로이와 데일이 공연을 두 번씩 할 시간이 없다는 소문이 퍼졌고, 결국 흑인들을 위한 공연은 취소되었어요. 남부 지방에서는 늘 그런 식이었어요.

|

클로뎃은 반 친구들보다 어렸지만 우수한 중학생이었다. 부모님이 사준 사전 덕분에 철자 맞히기 학급 대회에서 뛰어난 성적을 거둔 적도 있었다. 수업이 끝난 뒤에는 보통은 도서관에 갔고, 숙제가 별로 없을 땐 킹힐 레크리에이션 센터로 가서 코바늘 뜨개질을 배웠다. 클로뎃은 피아노레슨도 받았다. 클로뎃의 어머니는 좋아하는 곡을 딸의 연주로 듣고 싶어 조바심을 냈다. 하지만 클로뎃이 음계만 연습하는 걸 보고 실망한 나머지, 레슨을 중단했다.

클로뎃은 킹 힐 레크리에이션 센터에서 마련한 클럽 활동을 통해 코바늘 뜨개질을 평생 취미로 갖게 된다. 왼쪽에서 다섯 번째, 웃고 있는 키 큰 소녀가 클로뎃이다.

1952년 늦여름, 클로뎃이 부커 T. 워싱턴 고등학교에 입학하기 불과 2주 전 일요일이었다. 동생 델핀이 교회 바로 앞에서 고열로 쓰러졌다. 그날 오후 델핀의 체온은 계속 올라갔다. 저물녘이 되자 몸이 불덩이처럼 끓었고, 침대 시트가 땀으로 흥건하게 젖었다. 증세가 악화되면서 델핀은 팔다리조차 옴짝달싹하지 못했다. 온 식구가 열을 내리려고 갖은 노력을 다했지만 소용없었다. 그들은 다음 날 아침 델핀을 부랴부랴 의사에게 데려갔다.

클 로 뎃 : 그해 여름엔 소아마비에 걸린 아이들이 많았어요. 우리 교회에

다니는 여자애 하나는 소아마비 때문에 다리를 못 쓰게 되었고, 어린 남자애는 팔이 불구가 되었어요. 의사는 델핀을 보자마자 소아마비에 걸렸다는 걸 알아챘어요. 델핀을 성 유다 병원으로 옮기고는 호흡 보조 장치 안에 집어넣었어요. 델핀은 움직이지 못했어요. 엄마 말로는 겨우 속삭이기만 한다고 했어요. 다 같이 차를 타고 병원에 갔지만, 엄마 아빠는 나더러 병원 밖에서 기다리라고 했어요. 나까지 소아마비에 걸릴까 봐 걱정이 됐던 거예요. 말도 제대로 못 하는 델핀을 나한테 보여 주고 싶지 않았을 테고요. 델핀을 보러 슬그머니 병원 안으로 들어갔더니 간호사가 고함을 지르며 나를 밖으로 끌어냈어요. 델핀이 진찰을 받으러 병원에 가던 날이 살아 있는 동생을 마지막으로 본 날이에요. 다음번에 봤을 때 델핀은 이 세상 사람이 아니었어요.

그 뒤로 나는 모든 것에 의문을 품기 시작했어요. 하나님한테 왜 내 기도에 응답하지 않으셨는지 물었어요.

"왜 내 동생을 데려가셨나요? 왜 내 동생을 구해 달라는 간청을 거절하셨나요?"

엄마는 내 생각과 달랐어요.

"델핀을 구해 달라고 기도했니? 내가 뭘 위해 기도했는지 말해 줄까? 나는 하나님한테 델핀을 데려가 달라고 기도했어. 악마가 이기는 걸 원하지 않았거든. 델핀이 평생 불구로 사는 걸 바라지 않았어."

나는 엄마가 야속했어요.

"엄마, 내가 델핀을 돌봤을 거라고요. 간호 학교에 가서 어떻게 간호하는지 배우면 됐잖아요."

나는 정말 그럴 수 있을 것 같았어요.

델핀은 1952년 9월 5일에 죽었어요. 그날은 내 열세 번째 생일이었죠.

1952년, 열두 살 때의 클로뎃 콜빈

'급진적'이라는 말은
'사물을 뿌리부터 꽉 움켜잡는 것'을 의미한다.

— 앤절라 데이비스

Angela Davis: 1944~ , 미국의 정치 운동가이자 교육자이자 배우

"우리는 스스로를 미워하는 것 같아요."

고등학교 입학식 날, 클로뎃은 집을 나서면서 공부에 전념하기로 결심했다. 바로 2주 전에 있었던 델핀의 장례식은 전에 없이 슬프고 당황스러운 일이었지만, 클로뎃은 그날의 기억을 잠시 접어 두고 싶었다. 지금은 학업에 집중할 때였다.

몽고메리에는 흑인 아이들이 다니는 공립 고등학교가 두 곳 있었다. 그 가운데 부커 T. 워싱턴 고등학교는 옐로 재킷이라는 운동부로 잘 알려져 있었다. 다른 하나는 조지 워싱턴 카버 고등학교였다. 흑인 노동 계급 가정의 자녀들은 대개 두 공립 학교에 다녔고, 소수의 가톨릭교도 학생들은 성 유다 고등학교에 다녔다. 그리고 흑인 전문직 자녀들은 대부분 사립 고등학교에 입학했다.

부커 T. 워싱턴 고등학교는 마치 요새처럼 생긴 담황색의 3층짜리 벽돌

건물이었다. 아래쪽 유리창에는 흰색 페인트를 칠해서 학생들이 거리를 내다볼 수 없었다. 책상은 여기저기 푹푹 파여 있고, 책 표지는 너덜너덜했다. 몇 년째 써서 아예 몇 장씩 찢겨 나간 책도 있었다. 시에서 지원하는 기금이 얼마 되지 않았기 때문에 교장은 책상이나 책, 식당 비품을 사기 위해 해마다 모금 행사를 벌였다. 1952년 가을, 학교 주변 공기는 공사장 먼지로 몹시 탁했다. 점점 늘어나는 몽고메리 시의 흑인 인구에 대비하기 위해 노동자들이 겨울이 오기 전에 학교 건물을 추가로 짓는 공사를 서둘렀던 탓이다.

클로뎃은 영리함이 나름대로 큰 자산이긴 하지만 부커 T. 워싱턴 고등학교에서 인기를 얻는 가장 확실한 방법은 흰 피부와 곧은 머리카락이라는 걸 금방 알아차렸다. 많은 여학생들이 아침 일찍 일어나 전기 빗으로 머리카락을 펴느라 몇 시간씩 허비하면서 '거의 백인처럼' 보이려고 발버둥 쳤다.

하지만 클로뎃은 전기 빗으로 아무리 오래 누르고 있어도 머리카락이 펴지지 않았고 피부색도 아주 가무잡잡한 편이었다. 게다가 클로뎃은 킹 힐에 살았는데, 클로뎃이 사랑하는 그곳을 다른 사람들은 경멸했다. 클로 뎃이 힘겹게 맞서 싸우기는 했지만 델핀의 죽음도 쓰라린 상처와 외로움을 남겼다. 특히 방과 후에 델핀이 늘 기다리던 곳을 지날 때면 더욱 아프고 외로웠다. 갑작스레 외톨이가 된 클로뎃은 세상 밑바닥에 떨어진 기분으로 고등학교 생활을 시작해야만 했다.

클로뎃 : 나는 델핀이 죽고 나서 아주 예민해졌어요. 잔인하거나 무례한 말을 들으면 울음이 터졌어요. 그게 내 옆 사람한테 한 이야기였어도 말이에요.

특히 괴로웠던 건 친구들이 스스로를 깎아내린다는 사실이었어요. 아이들은 아무렇지도 않게 서로를 '멍청한 검둥이'라고 불렀어요. 멍청한 검둥이! 흑인 애들끼리 스스로를 비하하는 말을 쓰는 거죠. 나는 그런 말을 들으면 울음이 터져 나오려고 했어요. 주위 사람들은 안 그러면 좋겠다고 생각했어요. 어떻게 그런 말을 듣고도 감정이 상하지 않을 수 있나요? 여자애들이 그런 말을 써도 불쾌한데, 남자애들이 그러면 정말 상처가 되곤 했어요.

어떤 이유에선가 우리는 스스로를 미워하는 것 같았어요. 친구들은 늘 자기 머릿결과 피부색을 깎아내렸어요. 매일 아침 일어나 거울을 들여다보며 "내 머리카락은 정말 역겨워."라고 말하는 모습을 상상할 수 있어요? 아니면 "나는 흑인이어서 아무도 나를 좋아하지 않아."라고 말하는 건요? 미식축구 선수들은 머리카락을 흩날리는 피부색이 밝은 여자애들을 좋아했어요. 도대체 누가 곱슬곱슬한 머리카락을 어깨까지 기를 수 있겠어요? 그렇다면 그 앤 혼혈일 거예요. 얼굴이 검은 여자애는 절대로 사람들에게 주목을 받지 못했어요. 흑인 중산층 여자애들은 피부색이 짙은 나 같은 여자애들을 멀리하면서 백인 여자애들을 흉내 내려고 안간힘을 썼어요.

11월에 다시 한 번 비극이 벌어졌다. 클로뎃의 학교 친구이자 이웃인 열여섯 살 소년 제러마이어 리브스가 백인 주부를 성폭행한 혐의로 체포된 것이다. 리브스는 범행을 자백했다. 경찰은 즉시 다른 범죄를 캐기 시작했고, 리브스가 가정집에 침입해 백인 여성 여섯 명을 성폭행했다고 주장했다. 몽고메리의 흑인들은 격분했다. 그들 대부분은 경찰이 리브스에게 자백을 강요했을 거라고 확신했다.

그 무렵 덱스터 애버뉴 침례교회에 새로 부임한 마틴 루터 킹 목사는 이렇게 썼다.

"경찰이 리브스를 사형실로 데려가서는 당장 자백하지 않으면 전기의자에서 죽을 거라고 협박했다."

간단한 재판이 끝난 뒤 모두 백인으로 구성된 배심원들은 리브스에게 전기의자 사형을 선고했다. 앨라배마 주의 흑인들은 분노로 들끓었다. 흑인들 가운데 리브스가 범죄를 저질렀다고 믿는 사람은 거의 없었다. 설혹 리브스가 유죄라고 해도 사람을 죽인 것은 아니었다. 그런데 왜 리브스는 목숨을 죗값으로 지불해야 했을까? 흑인들은 흑인 여성을 성폭행한 혐의로 고발된 백인 남성이 사형 선고는커녕 유죄 판결을 받은 일도 없다는 걸 알고 있었다.

부커 T. 워싱턴 고등학교의 많은 학생들은 리브스의 유죄 판결에 과격한 반응을 보였다. 리브스는 드럼 실력이 뛰어난 인기 많은 졸업반 학생이었다. 그리고 경찰을 피해 도망가지도 않고 순순히 체포에 응했다. 사

선고

만인들 눈앞에서 선고를 받았다.
치욕의 삶을 살라는 선고를 받았다.
감출 것이라곤 없는 내 삶에 선고를 받았다,
세상이 앞으로 조심하도록.

죄 많은 사람들 손에 선고를 받았다.
고뇌와 죄악의 세계에서 살라는 선고를 받았다.
고독과 번민, 수치를 느끼라는 선고를 받았다.
추악한 이름을 달고 버려지는 선고를 받았다.

모든 고통과 슬픔을 겪으라는 선고를 받았다.
내일의 희망을 박탈당하는 선고를 받았다.
증오와 공포의 세계에서 지내라는 선고를 받았다.
길고 외롭고 황량한 세월을 보내라는 선고를 받았다.

선고를 받았지만 부끄럽지 않다.
선고를 받았지만 비난을 감수할 것이다.
선고를 받았지만 계속 전진할 것이다.
선고를 받았지만 영원히 하나님을 믿을 것이다.

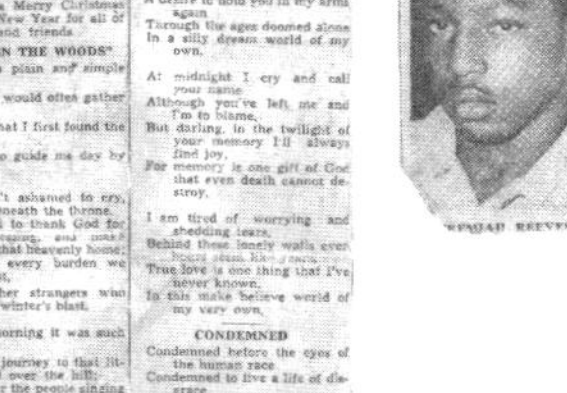

제러마이어 리브스가 감옥에서 쓴 시

람들은 늘 제러마이어 리브스가 어디든 근사한 곳에 가게 될 거라고 기대했다. 하지만 이제 리브스는 아무 데도 갈 수 없는 신세가 되었다. 특별한 일이 없다면 사형이 허용되는 스물한 살이 될 때까지 감옥에서 차례를 기다리며 괴로워하게 될 처지였다.

클로뎃은 곤경에 빠진 리브스를 보며 개인적인 문제로부터 흑인들이 사방에서 맞닥뜨리는 불의의 문제로 관심을 돌렸다. 클로뎃은 집회에 참석하고, 감옥에 갇힌 리브스에게 편지를 쓰고, 변호 비용을 마련하기 위해 모금 활동을 했다. 몽고메리의 많은 흑인 청소년들은 제러마이어 리브스를 지지하는 활동을 펼치며 처음으로 개인적인 문제에서 벗어나 사회적 불의를 고민하고 행동에 옮기게 되었다. 클로뎃 콜빈도 그런 청소년들 가운데 한 명이었다.

클로뎃 : 제러마이어 리브스가 체포된 사건은 내 인생의 전환점이었어요. 그때부터 나를 비롯해 많은 흑인 학생들이 편견과 인종주의에 대해 진지하게 생각하기 시작했죠. 무슨 일이 벌어졌는지 알게 되자 무척 화가 났어요. 리브스는 우리 집 바로 밑에 살았어요. 리브스라면 익히 알고 있었고, 여느 애들처럼 감탄스레 바라보기도 했어요. 리브스는 패션 감각이 뛰어나서 우리 여자애들한테는 록 스타나 다름없었어요. 늘 빳빳하게 풀을 먹인 깨끗한 셔츠 차림이었고, 신발에는 진흙 한 점 없었죠. 리브스는 학교 밴드의 멋진 드러머였고, 몽고메리 시내 어떤 밴드와 비교해도 뛰어났어요.

결국 흑인 인권 단체 NAACP가 리브스 사건을 맡았어요. 그런 단체가 있다는 건 그때 처음 알았어요. 배심원들이 리브스한테 사형 선고를 내린 게 어쩌면 NAACP가 남부에서는 별수 없다는 것을 보여 주려는 것일지도 모른다는 생각이 들었어요. 학교에 가면 모두 제러마이어 리브스 이야기를 했어요. 간수들이 리브스의 손톱을 뽑고 고문했다는 소문도 돌았어요. 어떤 여자애가 배달 트럭에 몸을 숨기고 교도소까지 들어갔지만 리브스가 갇혀 있는 독방까지는 가지 못했대요. 우리는 변호사 비용을 마련하려고 영화를 상영했어요. 얼마가 모이든 리브스의 어머니한테 전해 줄 생각이었죠.

나는 리브스 사건을 보며 위선적인 세상에 화가 났어요. 흑인 여자애들은 극도로 취약한 환경에 놓여 있었어요. 엄마와 할머니는 무슨 일이 있어도 백인 남자와 다니지 말라고 몇 번이고 당부했어요. 흑인 여자애들이 백인 남자한테 성폭행을 당하고도 정당한 대우조차 받지 못하는 끔찍한 이야기를 귀가 닳도록 들으며 자랐죠. 백인 남자가 흑인 여자애를 성폭행하는 사건은 늘 일어났어요. 하지만 남자가 잡아떼면 아무도 여자애 말을 믿지 않았어요. 백인 남자들은 늘 처벌을 받지 않았죠. 그래 놓고선 이제 미성년자인 리브스를 가두어 놓고 그 아이가 성년이 되어 합법적으로 사형을 집행할 날을 기다리겠다는 거예요. 그 사건이 나를 바꿔 놓았어요. 내 가슴속에 엄청난 분노가 쌓이게 했죠. 끓어오른 분노가 오랫동안 가라앉지 않았어요.

1954년 미국 연방 대법원은 제러마이어 리브스의 판결을 기각하고 다시 재판을 열 것을 지시했다. (당시 리브스는 경찰관의 강압에 못 이겨서 자백했다며 진술을 번복했다. 리브스는 죽기 전까지 결백을 주장했다.) 하지만 이번에도 백인으로만 구성된 새로운 배심원단은 이틀 동안 증언

제러마이어 리브스에 관한 기억

클로뎃의 같은 반 친구였던 한 여학생이 제러마이어 리브스의 변호에 특히 적극적이었다. 리브스는 몇 통의 편지를 주고받은 그 여학생에게 자신의 부모님과 함께 면회를 오라고 했다. 나중에 그 여학생은 다음과 같이 회상했다.

"사형수들이 수감된 건물로 가려면 간수의 호위 아래 몇 개의 복도를 차례로 지나가야만 했어요. 방으로 들어가면 간수가 뒤에서 꽝 소리가 나게 문을 닫고 열쇠로 잠갔어요. 그러고 나서 다음 방으로 가는 거예요. 마침내 뒤뜰로 나온 뒤, 층계참과 층계참을 이어 주는 계단으로 올라갔어요. 그 순간 전기의자 바로 옆을 지나갔어요. 나는 전기의자를 봤어요. 그 광경을 절대 잊지 못할 거예요.

감옥에서 제러마이어 리브스를 만났는데, 그때 제러마이어가 열여덟이나 열아홉 살쯤 되었을 거예요. 건강하고 잘생긴 젊은이였어요. 제러마이어는 고문을 당하지는 않았어요. 다른 죄수 세 명과 함께 사형수 수감 건물에서 사중창단을 만들었더군요. 네 사람은 벽 때문에 서로를 볼 수는 없었지만, 목소리를 들을 수는 있었어요. 누군가 노래를 부르기 시작했고, 나머지 사람들도 따라 불렀어요. 제러마이어의 목소리는 굵고 아름다웠어요. 그들은 흑인영가를 불렀죠.

제러마이어는 매우 영적인 사람이었어요. 배려심도 많았고요. 언젠가 석방될 거라 믿는다고 몇 번이고 말했어요."

을 청취한 뒤 단 34분 만에 리브스에게 사형을 선고했다. 이제 모든 희망은 사라졌다.

많은 학생들이 친구 리브스를 위해 눈물을 흘렸지만 클로뎃은 분노했다. 왜 사람들은 불의에 묵묵히 순응하는 걸까? 왜 어른들은 집에 돌아와 직장에서 받은 모욕에 대해 불만을 터뜨리면서 정작 백인 사장 앞에서는 미소를 짓는 걸까? 왜 반 친구들은 권리를 빼앗기고도 고작 '좋은 머리카락' 따위만 걱정할까? 언제 불의에 맞서 싸울 사람이 나타나는 걸까? 클로뎃은 여전히 제러마이어 리브스 사건에 분개하고 있었다. 그리고 2학년이 시작되는 첫날, 분노를 행동으로 바꾸는 데 확신을 심어 줄 사람을 마침내 만났다.

클로뎃 : 제럴딘 네스빗 선생님은 교사처럼 안 보였어요. 옷가게 점원처럼 옷을 잘 입었죠. 작고 가냘팠고요. 선생님은 몽고메리에서 자라서 앨라배마 주립 대학에 들어갔지만, 뉴욕 컬럼비아 대학에서 교육학 석사 학위를 땄어요. 선생님은 학교에 일찍 출근해서 늦게까지 남아 있었어요. 엄했지만, 학생들이 알아듣도록 늘 최선을 다했죠.

우리는 그저 영문학 수업을 들을 줄 알았는데, 선생님은 문학으로 인생을 가르쳤어요. 평범한 영어 교사처럼 가르치기엔 시간이 없다고 말했죠. 우리가 너무 뒤처져 있었거든요. 대신에 선생님은 문학으로 세상을 가르쳤어요. 헌법을 가르쳤고요. 대헌장 (Magna Carta, 1215년에 영국의 귀족들이 존 국왕에게 강요하여 서명하게 한 영국 국민의 권리 확인서. 국민의 자유를 옹호하는 근대 헌법의 토대가 되었다.)과 연합 규약(Articles of Confederation, 미국이 영국으로부터 독립한 뒤 최초로 제정한 헌법으로 1781년 채택되었다.)도 가르쳤지요. 우리는 소설가 너새니얼 호손과 에드거 앨런 포에 대해 배웠어요. "우리에게 자유가 아니면 죽음을 달라."고 외친 독립혁명 지도자 패트릭 헨리의 연설에 대해 토론하고, 우리 현실과 연결해 생각해 봤어요. 성경 한 구절을 골라 문학적 관점에서 살펴보기도 했죠. 시와 에세이, 논설문도 썼어요. 신문에 싣는 부고 기사를 쓰기도 했고요.

네스빗 선생님은 집에서 책을 부지런히 가져왔어요. 학교 도서관에는 책이 거의 없었거든요. 하루는 우리가 교실에 들어와 보니 선생님이 책을 펼친 채 얼굴을 묻고 있었어요.

"선생님, 왜 그러고 계세요?"

우리가 물었죠.

"아…… 새 책 냄새만큼 좋은 냄새도 없을 거야."

마침내 선생님이 얼굴 가득 웃음을 지으며 말했어요.

2학년이 끝나기 직전에 연방 대법원은 구체적인 시기를 못 박지는 않았지만 우리 학교 같은 공립 학교에서 인종 통합 교육을 해야 한다고 판결했어요. 통합이 이루어진다면 커다란 변화가 뒤따를 거예요. 그만큼 인종 분리 정책은 삶 전체를 지배하는 것이었어요. 인종을 분리한다는 것은 우리가 단순히 백인 학생들과 다른 학교에 다녀야 한다는 것만 의미하는 게 아니었거든요. 우리는 백인 학생들을 피해 고속도로 건너에 있는 학교까지 걸어 다녀야 했어요. 차도를 사이에 두고 우리끼리 왁자하게 욕을 주고받으면서요. 수업 시간에는 서로 "백인 애들 옆에 앉을 거야?"라고 물어봤고요.

"걔네가 버스에서 내 옆에 앉고 싶어 하지 않는데, 왜 내가 수업 시간에 걔네 옆에 앉아야 해?"

많은 애들이 이렇게 대답했어요.

하지만 나는 생각이 달랐어요. 대학에 가고 싶었죠. 나중에 자라서 넓은 세상으로 나아가고 싶었어요. 나랑 친한 친구들도 그랬어요. 나는 백인들이 우리 학교를 다닌다면 교과서가 더 좋아질 거라고 생각했어요. 언젠가 아이를 봐주는 일을 할 때 그 집 백인 아이의 교과서를 몰래 훔쳐본 적이 있어요. 그 책에는 링컨과 더글러스 논쟁에 관한 글들이 실려 있었어요. (링컨은 1858년 연방 상원의원 선거에 출마하여 노련한 정치가 더글러스 현역 상원의

클로뎃이 가장 좋아한 교사 제럴딘 네스빗

원과 노예 제도를 놓고 논쟁을 벌였다. 링컨은 공업이 발달한 북부를 대변해 노예 제도 폐지를 주장했고, 더글러스는 목화 농업이 발달한 남부를 대변해 노예 제도 유지를 주장했다.)

나는 들어본 적도 없는 얘기였죠. 그 글들을 읽으며 처음으로 노예 제도의 경제적인 토대를 생각하게 됐어요. 우리가 판에 박힌 수학 문제를 풀고 있을 때 동갑내기 백인 아이들은 대수학을 공부하고 있었던 거예요. 우리 학교에 있는 백과사전을 통틀어 흑인 관련 항목은 두 개밖에 없었어요. 교육자 부커 T. 워싱턴과 땅콩 박사 조지 워싱턴 카버. 사실 우리 학교 도서관에는 책도 몇 권 없었어요. 시내에 있는 '흑인 전용' 도서관도 사정은 비슷했고요. 그런 터에 내 옆에 누가 앉든 무슨 상관이에요. 나는 좋은 교육을 받고 싶었어요.

네스빗 선생님은 우리 흑인한테도 역사가 있다는 걸 깨닫게 해 줬어요. 노예 사냥꾼들에게 붙잡혀 사슬에 묶인 채 보트에 실린 게 우리 역사의 시작이 아니라는 거예요. 그 전에도 삶과 문화가 있었다는 거죠. 선생님은 문학을 우리 삶으로 돌이켜서 설명해 줬어요.

"우리 흑인이 아직 노예 상태인데 7월 4일 독립 기념일을 축하해야 할 이유가 있을까요? 새미 데이비스 주니어나 펄 베일리 같은 연예인 말고 텔레비전에 흑인이 출연하지 않는 이유가 뭘까요?"

네스빗 선생님은 이런 질문을 하곤 했어요.

2학년이 끝나고 3학년 때도 네스빗 선생님한테 수업을 들었어요. 그러면서 신념이 더 확고해졌어요. 선생님은 두 해 동안 내가 당연하다고 생각했던 것들에 대해 이의를 제기했어요.

"이 세상에 '좋은 머리카락'이란 건 없어요. 머리카락은 그냥 머리카락일 뿐이에요. 사람들은 모두 자기만의 머리카락을 가지고 태어나요. 잘 가꾸기만 하면 되는 거죠."

머리카락도 피부색 같은 거예요. 네스빗 선생님은 우리가 피부색에 상관없이 스스로를 사랑하길 바랐어요. 역사를 가르치는 조시 로렌스 선생님도 그랬어요. 선생님은 학교를 통틀어 피부가 제일 검었지만, 이렇게 말하곤 했어요.

"나는 진짜 아프리카 사람이에요. 순종 아프리카 사람이죠."

로렌스 선생님은 흑인이란 걸 자랑스럽게 생각했어요. 아프리카의 다양한 나라들과 아프리카 역사에 대해 가르쳐 줬고요. 나는 선생님 말을 모두 이해했어요. 두꺼운 입술과 펑퍼짐한 코와 굵은 머리카락이 부끄럽지 않았어요. 나는 늘 하나님이 아프리카의 뜨거운 태양 아래서도 잘 지낼 수 있도록 흑인의 얼굴을 만드셨다고 생각했어요.

나는 조금씩 내 사명을 만들어 갔어요. 해리엇 터브먼처럼 북부로 가서 동포들을 해방하는 꿈을 꿨어요. 책에서 읽은 사람들 가운데 터브먼을 가장 존경했어요. 터브먼의 용기, 터브먼이 찬 권총, 터브먼이 지하 철도 조직(Underground Railroad, 남북 전쟁 전에 노예 탈출을 도운 비밀 조직) 승객을 한 명도 잃지 않았다는 사실, 이 모든 것이 다 근사했어요.

나는 앨라배마 주립 대학에는 가기 싫었어요. 어떻게 교사가 되는지는 가르쳐 주겠지만, 자유를 어떻게 얻는지는 알려 주지 않을 테니까요. 남부에는 전도사와 선생님들밖에 없었어요. 나는 뭔가 다른 일을 하고 싶었어요. 변호사가 되고 싶었죠. 엄마는 늘 내가 변호사 마흔 명과도 말로 싸워 이길 수 있을 거라고 말했어요. 나도 변호사가 나한테 잘 맞을 거라고 생각했어요.

1955년, 3학년 때 네스빗 선생님과 로렌스 선생님 두 분이 한 팀이 되어 흑인 역사 주간(Negro History Week, 1926년 우드슨과 동료들이 흑인 역사에 대한 연구를 강조하며 시작한 것으로, 이후 '흑인 역사의 달'로 확대되었다.) 수업을 했어요. 정말 재미있었죠. 우리는 2월 한 달 내내 흑인들이 몽고메리에서 일상적으로 겪는 불의에 대해 이야기를 나눴어요. 우리는 완전히 수업에 몰두했어요. 엄마 아빠는 초등학교 6학년까지밖에 안 다녀서 그런 학급 토론을 할 기회가 없었어요. 그래서 나는 이 토론에 더욱 감사하며 완전히 빠져 들었죠. 나는 '좋은 머리카락'과 '좋은 피부색'에 관해 이야기했어요. 그렇 다고 불만만 토로한 건 아니었어요. 어처구니없는 취급을 당하고 있다고 불평만 하면서 문제를 해결하기 위해 아무것도 하지 않는 어른들이 참을 수 없었어요. 제러마이어 리브스 사건을 지켜보며 화만 내는 것도 싫었고 요. 정의를 무작정 바라는 데도 지쳤죠.

기회가 찾아왔을 때 나는 준비가 되어 있었어요.

어렸을 때 나는 원하는 게 있으면
소란을 피우는 게 낫다는 걸 배웠습니다.

— 맬컴 엑스

Malcolm X: 1925~1965, 미국의 급진적 흑인 해방 운동가

4장

"이건 헌법으로 보장된 내 권리예요!"

1955년 3월 2일, 수요일

그날 클로뎃과 반 친구들은 교사들의 직원회의 때문에 다른 때보다 일찍 학교를 나섰다. 클로뎃이 학교 밖으로 나왔을 때 오후 공기는 벌써 여름이 찾아온 듯 후텁지근했다. 클로뎃은 친구들을 발견하고 달려갔다. 클로뎃 일행은 몇 블록을 걷다가 덱스터 애버뉴와 베인브리지 스트리트에서 하이랜드 가든스 버스를 탔다. 클로뎃은 일반 요금의 절반인 5센트짜리 분홍색 학생 회수권을 버스 운전사에게 건넸다. 버스 앞좌석에 백인 승객들이 없었으므로, 클로뎃과 반 친구들은 버스에서 내리지 않고 통로를 따라 똑바로 걸어갔다.

클로뎃은 뒷문 바로 앞줄 왼쪽 창가 자리에 앉았다. 클로뎃의 친구가 옆

자리에 털썩 주저앉았고, 같은 학교 학생 두 명이 같은 줄 통로 맞은편 자리에 앉았다. 클로뎃은 버스가 커브를 돌 때 무릎 위에 올려놓은 교과서가 떨어지지 않도록 조심하며 의자에 기댄 채 멍하니 창밖을 내다보았다.

버스가 덱스터 애버뉴를 따라 동쪽으로 향하자 시내 상점과 사무실에서 퇴근한 백인 승객들이 자리를 채우기 시작했다. 앞좌석 열 개가 순식간에 찼고, 승객들은 통로에 서서 버스가 가다 서다 할 때마다 기둥을 잡고 균형을 잡았다. 클로뎃은 버스가 코트 스퀘어에 도착할 무렵 백인 여자가 바로 옆 통로에 서 있는 걸 발견했다. 백인 여자는 틀림없이 그 줄에 앉은 클로뎃과 학교 친구들이 모두 자리를 비키면 그중 한 자리에 앉으리라고 기대했을 것이다.

"거기 좀 일어나지?"

백인 여자가 할머니였다면 자리에서 일어날 생각을 했을지도 몰라요. 하지만 그 여자는 젊었어요. 한 마흔 살쯤 되어 보였죠. 내 친구랑 여자애 두 명은 일어나서 뒤로 갔지만 나는 꼼짝하지 않았어요. 그럴 수 없었어요.

그즈음 내 마음엔 반항심이 꿈틀대고 있었어요. 학교에서 2월 내내 불의에 맞서 싸웠던 사람들에 관해 토론을 벌였죠. 우리는 네스빗 선생님 수업 시간에 헌법을 공부했어요. 나한테 권리가 있다는 걸 알고 있었어요. 나도 백인 승객하고 똑같이 차비를 냈어요. 버스에 빈자리가 없으면 백인 승객한테 자리를 양보하지 않아도 된다는 규정을 알고 있었고요. 그날 버스에는 빈자리가 없었죠. 하지만 옮겨 앉을 자리가 없어서가 아니었어요. 단지 운전사가 시킨다고 해서 자리에서 일어나야 하나요? 단지 내가 흑인이라서요? 나는 더 이상 그러지 않기로 했어요. 미리 계획을 세웠던 건 아니에요. 하지만 그동안 끔찍한 일을 겪으며 자연스레 하게 된 결심이었어요.

다른 아이들이 모두 일어난 뒤에 내가 앉은 줄에는 빈자리 세 개가 생겼어요. 하지만 백인 여자는 여전히 앉으려고 하지 않았어요. 통로 맞은 편 자리에도 앉지 않았어요. 그게 바로 인종 분리법의 핵심이었어요. 상징적인 것이었죠. 흑인들은 백인들보다 뒤에 있어야 한다는 거예요. 백인 여자 승객이 나하고 같은 줄에 앉는다면 나도 그 여자와 동등한 사람이 된다는 뜻이었죠. 그래서 그 여자는 내가 뒤로 옮길 때까지 계속 서 있었던 거예요. 버스 운전사가 더 큰 목소리로 외쳤어요.

"왜 아직도 거기 앉아 있는 거니?"

나는 자리에서 일어나지도, 대답하지도 않았어요. 버스 안이 조용해졌어요.

앞에 앉은 백인 승객이 소리쳤어요.

"일어나는 게 좋을 거다!"

마거릿 존슨이라는 여자애가 내 뒤에서 대답했어요.

"흑인인 채로 죽으면 죽었지 꼼짝도 안 할 거예요."

백인 여자는 내 앞에 계속 서 있었어요. 버스 운전사가 고래고래 소리를 질렀어요.

"자리 비워! 빨리 일어나라니까, 이 계집애야!"

나는 자리에 앉은 채 한마디도 하지 않았어요.

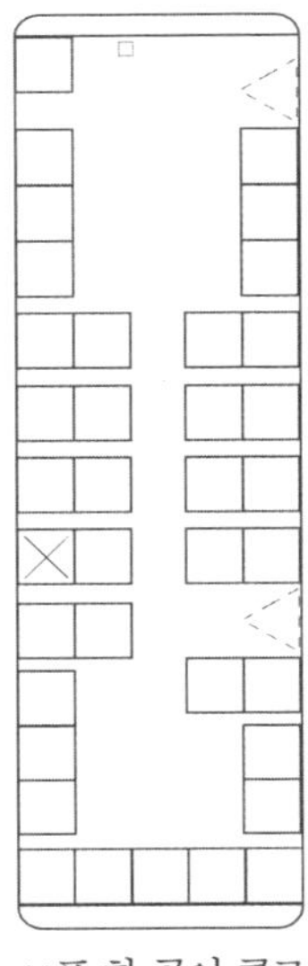

×표 한 곳이 클로뎃이 앉았던 자리이다.

|

운전사는 클로뎃이 대꾸하지 않자 몹시 화를 내면서 몽고메리 시내버스의 주요 환승 정류장인 코트 스퀘어로 버스를 몰았다. 늦은 오후 혼잡한 시간이어서 피곤에 지친 승객 수십 명이 '흑인'과 '백인' 표지판 뒤에 줄을 서 있었다.

운전사는 코트 스퀘어에서 문을 벌컥 열고는 교통경찰에게 체포해 가라고 소리쳤다. 잠시 후, 교통경찰이 버스에 타자 운전사가 클로뎃을 가리켰다.

"저 여자애예요."

운전사가 말했다.

버스가 멈춰 서 있는 동안 승객 몇 명이 뒷문으로 올라탔다. 클로뎃은 그들 가운데 임신한 여자 승객을 알아보았는데, 이웃에 사는 해밀턴 부인이었다. 해밀턴 부인은 클로뎃 옆자리에 털썩 주저앉았다. 물론 해밀턴 부인은 클로뎃과 버스 운전사 사이의 갈등을 전혀 몰랐다. 해밀턴 부인이 아는 거라곤 왜인지는 몰라도 교통경찰이 자기 쪽으로 걸어오고 있다는 것이었다. 교통경찰은 문제의 줄에 앉아 있는 흑인 승객 두 사람을 보았다. 교통경찰은 클로뎃과 해밀턴 부인에게 일어나라고 명령했다. 해밀턴 부인은 싫다고 대답했고, 클로뎃도 명령을 거부했다.

모든 눈이 교통경찰에게 쏠렸다. 교통경찰은 클로뎃을 쫓아내고 싶었지만, 임신한 여자를 괴롭히는 건 꺼림칙했다. 교통경찰은 엄지손가락으로 해밀턴 부인을 가리키며 뒷좌석에 앉은 흑인 남자들에게 말했다.

"이 여성분한테 자리를 양보하지 않는다면 당신들이야말로 교도소에 가야 할 겁니다."

흑인 남자 승객 두 사람이 일어나 말썽 많은 버스에서 내렸다. 해밀턴 부인은 천천히 뒷좌석으로 옮겨 앉았다. 클로뎃은 다시 그 줄에 혼자 앉아 있게 되었다.

교통경찰이 클로뎃에게 일어나라고 명령했다. 클로뎃은 또다시 거부했

다. 교통경찰이 운전사에게 가더니 자기는 교통경찰이라서 사람을 체포할
권리가 없다고 설명했다. 운전사는 교통경찰이 길에 내리자 문을 닫고 다
시 운전을 시작했다. 북쪽으로 한 블록 더 가서 비브 스트리트와 커머스
스트리트의 교차로에 도착하니 경찰 순찰차가 서 있었다. 하이랜드 가든
스 버스의 문이 열리자 경찰관 두 명이 올라탔다. 승객들은 숨을 죽였다.

클 로 뎃 : 경찰관 한 명이 잔뜩 화난 목소리로 운전사한테 말했어요.

"누구요?"

버스 운전사가 나를 가리키며 이러더군요.

"새삼스럽지는 않네요. '저런 것' 때문에 전에도 된통 애를 먹은 적이 있
거든요."

운전사가 나더러 '저런 것'이라고 했어요.

경찰관들이 다가와 내 앞에 버티고 섰어요. 그중 한 명이 말했죠.

"안 일어날 거니?"

"안 일어나요."

내가 대답하자 경찰관이 소리를 버럭 질렀어요.

"일어나!"

왈칵 울음이 터졌지만, 반항심은 점점 커졌어요. 나는 카랑카랑한 목소
리로 몇 번이고 말했어요.

"저 백인 아줌마처럼 나도 이 자리에 앉을 헌법상의 권리가 있어요. 나
도 차비를 냈다고요. 이건 헌법상의 권리라고요!"

백인 경찰관한테 말대꾸하고 있다는 건 알고 있었어요. 하지만 나도 참을 만큼 참았다고요.

경찰관 두 명이 양쪽에서 내 손을 하나씩 잡고 번쩍 일으켜 세웠어요. 무릎 위에 있던 책들이 여기저기 나뒹굴었어요. 나는 아기처럼 축 늘어졌어요. 제법 영리해서 저항하지 않는 게 낫다는 것쯤은 알고 있었거든요. 경찰관들이 나를 버스 뒤로 잡아끌기 시작했어요. 한 명은 걷어차기까지 했어요. 손톱이 길어서 나도 모르게 할퀸 것도 같아요. 하지만 결코 저항하지는 않았어요. 계속 비명만 질렀죠.

"이건 헌법상의 권리예요!"

나는 불경스러운 말을 했던 게 아니에요. 그때나 나중에나 욕을 한 적도 없어요. 오로지 우리 권리를 외쳤을 뿐이에요.

경찰관들은 나를 버스에서 끌어내기 위해서라면 살인이라도 할 것 같았어요. 그렇게 많은 흑인들이 서 있는데 백인 여자한테 자리를 내주기 싫었어요. 나는 더 심하게 울부짖었어요. 경찰관들은 나를 순찰차 뒷자리에 태운 뒤 차 문을 닫았어요. 그러고는 순찰차 밖에 서서 잠시 이야기를 주고받았어요. 잠시 후 한 사람이 돌아와서 양손을 창문 밖으로 내밀라고 했어요. 경찰관은 나한테 수갑을 채운 뒤 차 문을 열고 내 옆자리에 앉았어요. 나는 무릎을 붙이고 허벅지 위에 손을 엇갈려 놓은 채 기도하기 시작했어요.

경찰관들은 차를 몰고 가는 내내 욕을 하고 놀려 댔어요. 내 브래지어 사이즈를 맞힌다고 장난을 치고, '검둥이 년'이라고 욕하고, 신체 부위를 가지고 농담을 했어요. 나는 두려움을 몰아내려고 머릿속으로 주기도문을 반복해서 외우고 찬송가 23장을 불렀어요. 아직 열다섯 살밖에 안 되었으니 소년 법원으로 가게 될 거라고 생각했죠.

'이제 벌로 목화를 따게 될 거야. 시골 학교로 데려가서 낮엔 밭일을 시키겠지.'

하지만 우리는 엉뚱한 방향으로 갔어요. 경찰관들은 여자 교도소가 있는 애트모어로 가는 길이라고 줄곧 겁을 줬어요. 그런데 도착해 보니 경찰서였어요. 안으로 들어가자 많은 경찰관들이 쳐다봤어요. '저런 것'이라는 둥 '창녀'라는 둥 함부로 불러 댔어요. 조서를 꾸미고 지문도 찍었죠.

그러고 나서 그들은 순찰차에 나를 다시 태우고 성인 교도소인 시립 교도소로 데려갔어요. 간수는 나한테 전화 걸 기회도 주지 않고 바로 감방에 집어넣었어요. 문을 열고 안으로 들어가라고 하더니, 내가 들어가자마자 문을 쾅 닫고 열쇠를 돌렸어요. 육중한 소리가 나면서 자물쇠가 잠겼어요. 내가 들어본 것 가운데 가장 끔찍한 소리였어요. 세상에서 마지막으로 들리는 소리 같았어요. 이제 꼼짝없이 갇혔다고 말하는 것 같았죠.

간수가 사라진 뒤 주위를 살폈어요. 휑뎅그렁한 삼면의 벽과 화장실, 그리고 간이침대. 이내 곧 감방 한가운데 무릎을 꿇고 앉아 울기 시작했어요. 내가 어디 있는지, 나한테 무슨 일이 생겼는지 아는 사람이 있을지 궁금했어요. 감방에 얼마나 오래 있어야 할지 알 길이 없었어요. 나는 울면서 손을 한데 모은 채 난생처음 해 보는 것처럼 기도를 드렸어요.

몽고메리 경찰서

날짜 <u>1955년 3월 2일, 수요일</u>

고소인 <u>로버트 클레어, 백인 남성</u>

주소 <u>몽고메리 시티 라인즈 버스 회사</u>　　전화번호 <u>7321</u>

위법 행위 <u>6장 11항</u>　　신고자 <u>고소인과 동일</u>

주소 <u>—</u>　　전화번호 <u>—</u>

위법 행위 발생 날짜와 시간 <u>1955년 3월 2일, 오후 3시 41분</u>

발생 장소 <u>비브 스트리트와 커머스 스트리트 교차로</u>

피해자 및 피해 재산 <u>아래 참조</u>

피해 방법 <u>—</u>　　지명 수배자 <u>—</u>

피해 금액 <u>—</u>　　회수 금액 <u>—</u>

하이랜드 가든스 버스 운전사로부터 비브 스트리트와 커머스 스트리트 교차로에서 신고를 접수했다. 현장에 도착했을 때 하이랜드 가든스 버스 운전사는 흑인 여성 두 명이 백인 여성이 서 있는데도 뒤쪽 좌석으로 옮기라는 지시를 거부했다고 고발했다.

흑인 여성들은 버스 뒷문 앞줄 왼쪽 좌석에 앉아 있었다. 문제의 좌석에 앉아 있던 신원 불명의 흑인 여성은 우리가 요청하자 뒷좌석으로 옮겼다. 하지만 열다섯 살의 흑인 여성 클로뎃 콜빈은 명령을 거부했다. 우리는 클로뎃에게 체포한다는 사실을 알렸다.

클로뎃은 버스에서 끌어내 순찰차에 태우는 내내 반항했다. 클로뎃은 순찰차에 태우자 경찰 T. J. 워드에게 발길질을 했고 손을 할퀴었다. 또한 워드의 배를 차기도 했다.

증인 : 콜린스 카메론, 623 웨스트 쇼니, 백인 여성

글렌 N. 시버리, 퍼스트 내셔널 뱅크 빌딩, (전화번호) 2-5911, 백인 여성

경찰관 : 폴 헤블리, T. J. 워드
부서 : 순찰대
시간 : 오후 5시 25분

클로뎃과 같은 버스에 타고 있던 학교 친구들은 집으로 달려가서 클로뎃의 어머니 메리 앤이 가정부로 일하는 집에 전화를 했다. 친구들은 메리 앤이 자리를 비울 수 있도록 어린아이 셋을 대신 돌봤다. 메리 앤은 존슨 목사에게 전화를 했다. 존슨 목사는 차를 운전해서 메리 앤과 함께 경찰서로 향했다.

클로뎃 : 간수들이 엄마를 감방으로 데리고 왔어요. 내가 격렬하게 울자 엄마도 분통을 터뜨렸어요. 하지만 나한테 야단을 치지는 않았어요. 그저 이렇게 물었죠.

　"괜찮니, 클로뎃?"

　존슨 목사님이 나를 보석으로 꺼내서 집까지 데려다 줬어요. 킹 힐로 돌아왔을 때는 소문이 사방에 퍼져 있었어요. 이웃 사람들이 너무 많이 몰려드는 바람에 숨이 막혀 죽을 지경이었죠. 행복하고 뿌듯했어요. 나는 제러마이어 리브스가 체포된 뒤에 우리의 권리를 찾는 문제에 대해 이야기하고 다녔는데, 이제 이웃 사람들도 내가 진지했다는 걸 알게 된 거예요. 벨마 언니와 아빠, 그리고 당시에 우리와 함께 살던 친척 언니는 내가 경찰관한테 두들겨 맞거나 성폭행을 당하지 않은 게 조금 꽥꽥거리는 목소리 때문이라고 몇 번이고 말했어요.

　하지만 나도 그날 밤은 무서웠어요. 백인 운전사와 백인 경찰관 두 명한테 맞서다니요. 버스 법에 이의를 제기하다니요. 백인 우월주의 단체 KKK

단이 린치를 가하거나 십자가를 불태우며 공격을 개시할 만한 일이었죠. 우리 집 앞에는 몽고메리로 가는 웨툼카 고속도로가 지나갔어요. KKK단이 한밤중에 우리 집이 있는 언덕으로 오는 건 식은 죽 먹기였어요. 아빠는 엽총을 들고 앉아서 밤을 새웠어요. 온 식구가 함께 밤을 새웠죠. 집이 고속도로 쪽에 있는 이웃 사람들도 감시를 늦추지 않았어요. 킹 힐 사람들 가운데 그날 밤 잠에 든 사람은 없을 거예요.

하지만 나는 걱정이 되면서도 자랑스러웠어요. 우리 권리를 위해 맞서 싸운 거니까요. 많은 어른들이 하지 않은 일을 한 거예요. 목사님 차를 타고 교도소에서 집으로 올 때 구름다리를 건너면서 목사님이 하신 말씀을 잊을 수가 없어요. 목사님은 누구나 존경하는 어른이었는데, 나한테는 특히 많은 영향을 끼쳤어요.

"클로뎃, 네가 정말 대견하구나. 많은 사람들이 자유를 위해 기도하지. 우리도 쉬지 않고 기도를 드려. 하지만 너는 달랐어. 너는 다음 날 아침에 당장 대답을 손에 쥐고 싶어 했어. 네가 지금 막 몽고메리에 혁명을 일으킨 거야."

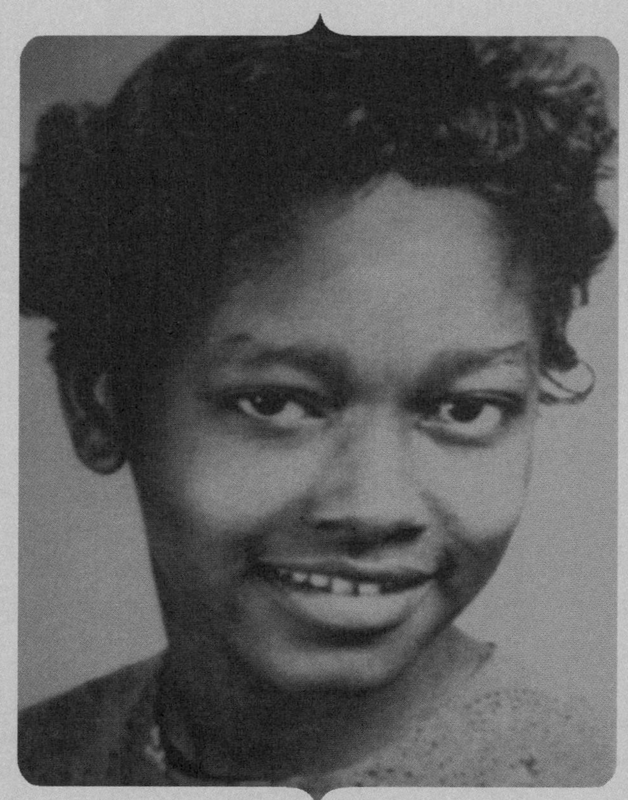

1953년, 클로뎃이 열세 살 때 찍은 것으로 보이는 학교 사진

세상은 가혹한 스승이다.

— 필리스 위틀리

Phillis Wheatley: 1753(추정)~1784, 미국에서 흑인 최초로
시집을 출간한 여성 시인

5장

"쟤가 체포되었다는 여자애야!"

한 여학생이 백인 승객에게 버스 좌석을 양보하길 거부하다가 체포되었다는 소식은 삽시간에 몽고메리 흑인 사회에 퍼지고 다른 지역까지 알려졌다. 캘리포니아 주 새크라멘토에 사는 한 남자는 클로뎃에게 이런 편지를 썼다.

네가 한 멋진 행동을 보니 내가 한없는 겁쟁이로 느껴진다. 더 많은 어른들이 너처럼 용기와 자존심과 진실을 가진다면 얼마나 좋을까.

몽고메리 학생들은 버스 정류장이나 사물함 앞에서 이야기를 주고받았다.

"클로뎃 콜빈 얘기 들었니?"

"네 주위에 그 여자애 아는 사람 없어?"

"걔는 어느 학교에 다닌대?"

당시 앨라배마 주립 대학 영문과 교수였던 조 앤 로빈슨은 나중에 이렇게 썼다.

"불과 몇 시간 만에 거리의 흑인 청소년들이 모두 콜빈의 체포 소식에 대해 이야기했다. 전화벨이 울렸다. 클럽들은 특별 모임을 갖고, 불안한 마음으로 그 사건에 대해 토론했다. 어머니들은 아이들이 버스를 타게 놔둬도 될지 걱정했다."

조 앤 로빈슨이 흑인 승객을 차별하는 버스 제도에 도전한 사람을 칭찬한 데는 개인적인 이유도 있었다. 1949년, 로빈슨은 몽고메리로 이사 온 직후에 공항에 가기 위해 버스를 탔다. 크리스마스 연휴를 맞아 클리블랜드행 비행기를 타고 친척을 만나러 갈 예정이었다. 로빈슨은 요금통에 차비를 넣은 뒤 백인 승객들을 위해 비워 놓은 앞좌석 열 개 가운데 한 자리에 무심코 앉았다. 아직 몽고메리 생활에 익숙하지 않았던 터라 뒤쪽으로 가야 한다는 생각을 하지 못했다. 게다가 버스를 통틀어 다른 승객이라곤 두 명뿐이었다. 휴가 생각에 빠져 있던 로빈슨은 얼굴을 바싹 들이대고 있는 낯선 사람 때문에 화들짝 놀랐다. 버스 운전사가 고함을 쳤다.

"일어나! 당장 일어나!"

버스 운전사가 후려칠 기세로 손을 들어 올렸다. 로빈슨은 재빨리 짐을 집어 들고 앞문으로 내렸다. 버스가 갑자기 출발하는 바람에 진창에 엎어질 뻔했다. 로빈슨은 나중에 그때를 회상하며 "개가 된 기분이었다."라고 적었다.

하지만 버스 운전사는 상대를 잘못 골랐다. 로빈슨은 똑똑하고, 활동적이며, 발이 굉장히 넓었다. 로빈슨은 몽고메리 흑인 전문직 여성들이 모인, 영향력 있는 대규모 시민 단체 여성정치위원회에서 활발히 활동하는 회원이기도 했다. 앨라배마 주립 대학 교수들이 여성정치위원회에 소속되어 있었고, 클로뎃의 선생님인 제럴딘 네스빗도 앨라배마 주립 대학을 졸업한 뒤 교사로 일하면서 회원으로 활동했다. 로빈슨은 1950년에 여성정치위원회 회장을 맡으면서, 백인 상인들이 흑인 고객에게 청구서와 통지서를 보낼 때 '씨', '부인', '양' 같은 존칭을 붙이게 하는 캠페인을 성공적으로 이끌었다. 존칭은 존중심을 판가름하는 중요한 척도였다.

로빈슨은 자가용이 있어서 시내버스를 타는 일이 좀처럼 없었지만, 버스 운전사의 위협적인 행동과 그때 느꼈던 수치심을 잊을 수 없었다. 로빈슨은 시내버스에서 학대를 받은 흑인 주민들과 면담을 하며 사연을 기록하기 시작했다. 머지않아 악몽 같은 경험담을 기록한 두꺼운 서류철이 만들어졌다.

로빈슨은 버스 정책에 항의해 무슨 일이든 하고 싶었지만 어떻게 해야 할지 막연했다. 1954년 3월, 마침내 로빈슨은 흑인 지도자, 시 공무원, 버스 회사 대표를 한데 모아 흑인들이 버스를 이용할 때 받는 부당한 대우에 항의하고 개선책을 요구했다. 회의는 화기애애한 분위기로 진행되었지만 생산적이지는 못했다.

그러나 로빈슨은 포기하지 않았다. 두 달 뒤에 여성정치위원회를 대표해 몽고메리 시장 W. A. 게일에게 편지를 썼다. 이 편지에서 로빈슨은 버스 이용 규정 가운데 세 가지 사항을 변경하라고 주장했다.

1. 새로운 좌석 이용 지침을 시행한다. 남부 몇몇 도시에서 시행하고 있는 것처럼 좌석이 모두 찰 때까지 흑인 승객은 맨 뒤부터 순서대로 앉고 백인 승객은 맨 앞부터 순서대로 앉는다.
2. 흑인 승객이 요금을 낸 뒤 버스에서 내려 뒷문으로 다시 타야 하는 원칙을 없앤다.
3. 버스 운전사는 백인 거주 지역에서 하는 것처럼 흑인 거주 지역에서도 매 모퉁이마다 버스를 세운다.

로빈슨의 격을 갖춘 편지에는 강철 조각 같은 문장도 들어 있었다. 로빈슨은 마지막 단락 밑에서 세 번째 줄에 다음과 같이 썼다.

"스물다섯 곳 또는 그 이상의 지방 기구에서 전 도시에 걸친 버스 보이콧(항의의 표시로, 무언가를 사거나 이용하는 것을 집단적으로 거부하는 운동)을 실시하자는 논의가 진행 중입니다."

버스 보이콧을 벌인다는 아이디어는 몇 달에 걸쳐 흑인 사회에서 큰 호응을 얻었다. 버스 보이콧의 영향력은 분명했다. 몽고메리 버스 승객 네 명 가운데 세 명이 흑인이었다. 다 함께 버스를 이용하지 않는다면, 시티 라인즈 버스 회사를 정신이 번쩍 들 때까지 굶길 수 있을 것이다. 하지만 이 편지는 흑인 승객을 분리하는 좌석 제도를 끝내자는 요구로 이어지지는 못했다. 로빈슨은 훗날 이렇게 썼다.

"1955년 몽고메리에는 버스에서 인종 통합을 실시하자는 명확한 목적으로 공공연히 버스 보이콧을 주장할 만큼 배짱 좋은 인물이 없었다. 사회의 소수자들이 '좌석 운용 방침 개선'을 원한다고 이야기하는 것만으로는 충분하지 않았다."

로빈슨의 편지로 인해 인사치레의 모임이 더 많아졌을 뿐이다. 백인들은 커피를 권하고, 고개를 끄덕이며, 웃음을 지었다. 하지만 짐 크로 법에 관한 이야기가 나오면 꼼짝도 하지 않았다. 클로뎃 콜빈이 체포되면서 껍데기에 불과한 예의마저 토론 자리에서 자취를 감추었다. 클로뎃은 깜짝 놀란 목격자들이 보는 앞에서 자리를 강제로 빼앗기고 버스 밖으로 질질 끌려 나갔다. 사람들은 분노했다.

클로뎃은 체포 사건 이후 가는 곳마다 화제의 주인공이 되었다. 돌아온 일요일, 존슨 목사는 버스 운전사와 경찰관에게 용감하게 맞서며 추악한

버스 보이콧

개선이 이루어질 때까지 대중교통을 이용하지 않거나 이용을 자제하자는 발상은 새로운 것이 아니었다. 하지만 장기간에 걸친 대규모 버스 보이콧이 성공한 적은 없었다. 1900년부터 1906년까지, 몽고메리를 포함한 남부의 스물다섯 개 도시에서 인종을 분리하는 시가 전차에 항의하는 보이콧이 벌어졌다. 1953년 6월에는 루이지애나의 주도 배턴루지의 흑인 지역에서 인종을 분리하는 좌석 제도에 항의해 며칠 동안 시내버스 보이콧을 벌였다. 배턴루지의 흑인들은 짐 크로 법을 철폐하지는 못했지만 자유 좌석제를 이끌어 냈고, 미래의 버스 저항 운동을 위한 치밀한 청사진을 남겼다.

제도에 이의를 제기한 소녀를 위해 신자들과 함께 기도했다. 이튿날, 클로뎃이 사촌의 차를 타고 부커 T. 워싱턴 고등학교에 들어서자 반 친구들이 우르르 몰려들었다. 친구들은 교실까지 따라 들어와 무슨 일이 있었는지 이야기해 달라고 졸랐다. 복도에서는 다른 반 학생들이 클로뎃을 가리키며 속삭였다.

"쟤가 체포되었다는 여자애야!"

부커 T. 워싱턴 고등학교 학생들은 클로뎃의 용기를 칭찬하는 쪽과, 다른 승객들을 곤란하게 했으니 처벌받을 만하다고 생각하는 쪽으로 분명하게 의견이 갈렸다. 누군가 버스 정책에 맞설 때가 되었다고 말하는 학생들도 있었다. 하지만 클로뎃이 남부에서 벌어지는 일이 마음에 들지 않으면 북부로 가면 되지 않느냐고 말하는 학생들도 있었다. 아직 마음의 결정을 내리지 못한 학생들도 있었다. 그들이 아는 누구도, 이전에 클로뎃처럼 행동한 적이 없었기 때문이다.

"네스빗 선생님과 몇몇 선생님들은 나를 반갑게 맞아 줬어요. '너는 정말 용감한 아이야.'라고 침이 마르도록 칭찬했죠. 하지만 다른 선생님들은 내가 달갑잖은 것 같았어요. 몇몇 부모들도 그렇게 보였고요. 나보다 훨씬 이전에 자신들이 나섰어야 했다는 걸 아는 거죠. 어른들은 십대인 내가 그 일을 했다는 사실에 당황했어요."

클로뎃이 당시를 회상하며 말했다.

자신의 혐의가 무겁다는 걸 안 클로뎃은 판결을 2주 남겨 놓고 미성년 범죄자로 소년원에 가게 될지도 모른다는 두려움에 휩싸였다. 그렇게 되면 잃어버리는 게 너무 많았다. 클로뎃은 대학에 진학해 성공하겠다는 꿈을 가진 성실한 학생이었다. 그 어떤 잘못도 결코 인정하려 들지 않았다. 하지만 무엇을 해야 하고, 누구에게 도움을 청해야 할지 몰랐다. 클로뎃은 우물쭈물할 시간이 없었다.

클로뎃 : 모두 다 바빠졌어요. 우리는 먼저 도와줄 친척이 있는지 찾기 시작했어요. 고모할아버지 C. J. 맥니어가 E. D. 닉슨 씨한테 연락해 보라고 우리 부모님한테 말했어요. 고모할아버지는 내 사건이 민권 운동의 좋은 사례가 될 거라고 했어요. 닉슨 씨는 몽고메리 흑인 사회를 좌지우지하는 사람이었어요. 닉슨 씨가 모르는 사람이 없을 정도였죠. 엄마가 닉슨 씨한테 전화를 걸었고 닉슨 씨는 우리를 도와주기로 했어요.

E. D. 닉슨은 양방향으로 신속하게 움직였다. 몽고메리에서 활동하는 흑인 변호사 두 명 가운데 한 명인 프레드 그레이에게 전화를 걸어 클로뎃의 변론을 맡아 달라고 설득했다. 또 흑인 지도자들로 위원회를 만들어 시내에서 경찰국장을 만났다. 위원으로 선발된 흑인 가운데는 덱스터 애버뉴 침례교회에 목사로 새로 부임한 스물여섯 살 마틴 루터 킹도 있었다. 마틴 루터 킹은 클로뎃 콜빈이 공정한 재판을 받을 수 있게 지원하는 운동에 참여하면서 정치 활동을 시작했다.

흑인 지도자, 버스 회사 관리자, 경찰 국장이 회의에 참가하면서 긴장이 누그러진 것 같았다.

나중에 마틴 루터 킹은 이렇게 적었다.

"양쪽 참석자 모두 기분이 아주 좋았고, 클로뎃 사건에 깊은 우려를 표명했다."

버스 회사 관계자는 운전사의 말을 근거로 클로뎃이 앞쪽 백인 전용 좌석에 앉지 않았고, 운전사가 클로뎃한테 자리를 양보하라고 했을 때 버스에 빈자리가 없었다는 것을 인정했다. 클로뎃이 법을 위반하지 않았다는 것을 시인하는 듯 보였다. 경찰 국장은 좌석 규정이 혼란스럽다는 데 동의하면서, 시의 대리인이 곧 서면으로 해명할 것이라고 약속했다. 그 자리에 참석한 사람들이 하지 않은 한 가지 일은 클로뎃의 혐의를 아예 벗겨 주는 것이었다. 결국 재판은 진행되었다.

마틴 루터 킹은 모임을 마치고 나오며 "희망적"이라고 느꼈고, 조 앤 로빈슨도 밖으로 걸어 나오며 기분이 좋았다. 로빈슨은 당시를 회고하며 이렇게 썼다.

"클로뎃이 혐의를 벗는 데 필요한 모든 기회를 주기로 합의했다. 우리는 죄의 유무를 밝히는 게 아니라 진실을 규명하려고 애썼다. 클로뎃이 무죄로 판명되면 기록은 남지 않을 것이다. 모임에 참석하면서 모든 것이 누구에게나 공평하게 작용하리라는 느낌이 들었다."

클로뎃의 재판이 열리기 며칠 전, E. D. 닉슨은 NAACP 몽고메리 지부 간사로 오랫동안 일하고 있는 로자 파크스에게도 연락을 했다. 로자 파크스는 마흔두 살 된 상냥한 재봉사로 NAACP 몽고메리 지부 청년 분과 책

NAACP 몽고메리 지부 책임자로 오랫동안 활동했고, 소탈한 말투로 유명했던 E. D. 닉슨

E. D. 닉슨

몽고메리에서 심각한 문제에 직면한 흑인들은 E. D. 닉슨을 찾아갔다. 닉슨은 침대차 승무원으로 일하면서 흑인들의 권리 향상을 위해 평생 지칠 줄 모르고 활동했다. 키가 크고 다부지게 생긴 닉슨은 위엄 있는 목소리와 걸걸한 유머 감각을 가지고 있었다. 닉슨은 발이 넓어 교도관, 백인 경찰, 판사, 신문 기자, 변호사, 정부 관리 등을 두루 알고 있었다. NAACP 몽고메리 지부의 초기 책임자로서, 보통 사람들의 문제가 소송에 휘말리기 전에 소탈한 말과 비공식적인 조치로 문제를 해결하곤 했다.

임자이기도 했다. 닉슨과 로자 파크스는 더 많은 흑인 청년들을 민권 투쟁에 참여시키기 위해 오랫동안 노력했지만 일요일 오후에 열리는 NAACP 청년 모임의 참석률은 저조했다. 그러나 두 사람은 열다섯 살짜리 소녀가 버스 정책에 맞서 싸우다 체포되고 투옥되고 재판까지 받게 된 극적인 사건을 보며 가능성을 확인했다. 클로뎃이 자기가 겪은 사건을 이야기한다면 흑인들의 관심을 불러일으킬 수 있으리라 생각했다. 닉슨은 로자 파크스에게 클로뎃 콜빈을 NAACP 활동에 참여시키라고 권고했다.

클로뎃 : 로자 파크스를 처음 만난 건 어느 일요일 오후였어요. 로자 아줌마는 NAACP 청년 모임에 참석하려고 교회로 들어가고 있었어요. 주위에 학생은 몇 명 없었어요. 아줌마는 키가 작고 피부색이 밝고 머리카락은 길고 곧았어요. 내게 다가와 위아래로 훑어보더니 말했어요.

"네가 클로뎃 콜빈이니? 세상에, 건장하고 나이도 제법 든 아이가 백인한테 말대꾸를 했을 줄 알았는데. 맙소사, 이렇게 어린 여자아이를 버스에서 끌어낸 거야?"

"자리에서 비키라는 말을 거부한다고 끌어냈어요."

내가 말했어요.

벌써 로자 아줌마는 학교 선생님한테 나에 대해 물어봤고, 내가 모범생이라는 얘기도 들은 뒤였어요. 그리고 파인 레벨 출신인 우리 친엄마랑 아는 사이라는 걸 깨닫고는 나한테 더 관심을 보였어요. 아줌마도 어렸을 때 파인 레벨에 살았대요. 아줌마가 파인 레벨을 떠나 버밍햄으로 오기

로자 파크스는 백화점 재봉사로 근무하며, NAACP 몽고메리 지부의 간사로 오랫동안 활동했다. 다정하고 상냥한 그녀는 인종 분리주의자들에게 완강한 적이었다.

전에 우리 친엄마랑 아줌마 오빠 실베스터가 친한 친구였다지 뭐예요.

우리는 변호사 비용을 마련하기 위해 온갖 일을 했어요. 로자 아줌마네 어머니는 쿠키를 만들어 팔았어요. 나는 만날 쿠키를 집어 먹기만 했어요. 그럴 때마다 로자 아줌마가 나타나 말하곤 했어요.

"클로뎃, 쿠키를 다 먹어 치우면 내다 팔 게 없잖니."

아줌마는 나를 '미스 NAACP' 몽고메리 대표로 출전시켰어요. 2등을 했지만 등수는 상관없었어요. 어쨌든 대회에서 받은 상금은 모두 변호사 비용으로 썼거든요.

클로뎃의 변호사는 클로뎃과 나이 차이가 얼마 나지 않았다. 변호사 프레드 그레이는 안경을 끼고, 진지하고, 연필 굵기의 콧수염을 기르고, 늘 깔끔하게 다린 양복을 입었다. 겨우 스물네 살이었고, 1955년 3월에 로스쿨을 졸업하고 이제 여섯 달이 되었다. 프레드 그레이는 5남매 가운데 막내였는데, 몽고메리 시내버스를 타고 학교와 집, 신문 보급소를 오가며 자랐다. 버스에서 구타나 협박을 당한 적은 없었다. 하지만 모욕적인 말은 귀가 아프게 들었고, 흑인 승객을 학대하는 장면도 숱하게 목격했다. 클로뎃이 그랬듯 그레이도 북부에서 법학을 공부하고 나서 고향으로 돌아와 '눈에 띄는 인종 분리 정책을 모조리 뿌리 뽑겠다.'고 맹세했다.

그레이는 고등학교를 졸업한 뒤 앨라배마 주립 대학을 단기간에 마치고 오하이오 주의 로스쿨에 진학했다. 그레이는 맹세를 지키기 위해 로스쿨을 졸업하자마자 몽고메리로 돌아와 앨라배마 주 변호사 시험에 합격한 뒤 시내에 작은 변호사 사무실을 열었다. 그리고 흑인 교회와 NAACP 모임에서 최초의 고객을 만났다. 그레이는 사무실 맞은편 몽고메리 페어 백화점에서

클로뎃의 변호사 프레드 그레이는 젊고 명민한 젊은이였다.

일하는 로자 파크스와 거의 매일 만나 점심 식사를 했다. E. D. 닉슨이 클로뎃 콜빈 사건을 맡아 달라고 제안하자 그레이는 흔쾌히 승낙했다. 클로뎃이 몽고메리 시와 앨라배마 주의 인종 분리법을 위반한 혐의로 고발된 뒤로 그레이는 이 사건을 이용해 인종 분리법이 위헌임을 입증하고 싶어 했다. 지금까지 클로뎃 콜빈 말고는 인종 분리법을 위반했다고 버스에서 체포되어 무죄를 주장한 사건이 없었기 때문에 위헌이라고 밝힐 기회조차 없었던 것이다.

3월 어느 저녁, 비서 버니스 힐이 클로뎃 가족을 만나러 킹 힐로 차를 몰고 왔다. 그들은 주방의 작은 식탁에 둘러앉아 커피를 마시며 이야기를 나누었고 힐이 메모를 했다. 클로뎃이 아직 법적으로 미성년자였기 때문에 부모가 대신 소송을 제기해야만 했다. 소송의 중요성을 고려하건대 클로뎃의 부모는 든든한 지원군이 되어야만 했다. 그레이는 클로뎃 가족에게 즉시 호감을 가졌고, 이들이 용감하고 자립심도 강하다는 판단을 내렸다. 한편, 클로뎃은 그레이를 존경했는데, 그토록 꿈꿔 온 변호사가 직업인 사람을 만난 건 처음이었기 때문이다.

그레이는 법정에서 혐의에 이의를 제기할 때 발생할 위험에 대해 충분히 생각하라고 말했다. 무죄를 주장하는 순간, 클로뎃의 행동은 단순히 백인에게 한 말대꾸 차원을 넘어 정확히 짐 크로 법을 문제 삼은 것이 된다. 그러면 클로뎃의 이름이 신문에 실리는 건 뻔한 일이다. 집에 폭탄이 날아들 수 있고, 일자리를 잃을 수 있으며, 린치를 당할 수도 있다. 클로뎃과 부모는 끄떡도 하지 않고 그레이를 쳐다보았다. 그레이는 클로뎃을 바라보며 괜찮냐고 물었다.

"예."

클로뎃이 대답했다.

프레드 그레이는 클로뎃의 망설임 없는 대답과 클로뎃 가족의 단단한 결속력을 확인한 채 킹 힐을 떠났다. 마음속에 희망이 움텄다. 어떤 일이 닥치더라도 클로뎃 가족은 물러서지 않을 것 같았다.

클로뎃이 체포되던 날 하이랜드 가든스 버스에는 흑인 학생 열세 명이 타고 있었는데, 대부분 클로뎃과 같은 반이었다. 그레이는 부커 T. 워싱턴 고등학교 교장에게 클로뎃의 재판이 열리는 날 증언을 하고 싶은 학생들한테 외출증을 끊어 줄 것을 부탁했다. 그레이는 재판 직전에 그 학생들을 모아 놓고 예상 질문과 모범 답안을 일러 주었다.

클로뎃의 재판이 열리기 며칠 전, 흑인 지도자들이 클로뎃 주위로 모여들었다. 흑인 유명인들의 단체인 시민조정위원회는 전단지를 등사 인쇄해 몽고메리 여기저기에 뿌렸다. '정의와 인권의 친구들에게'라는 제목의 전단지는 클로뎃의 체포에 대해 설명하고 무죄 방면할 것을 요구했다. 또한 버스 운전사를 처벌하고, 운전사들이 줄곧 무시하는 바람에 유명무실해졌지만 빈자리가 없을 때 흑인 승객이 자리를 양보할 필요가 없다는 시내버스 규정을 준수하라고 주장했다.

1955년 3월 18일, 아침 늦게 재판이 열렸다. 클로뎃과 Q. P., 그리고 이

웃인 애니 라킨은 사촌이 운전하는 차를 타고 몽고메리 카운티 소년 법원
으로 향했다. 클로뎃은 저물녘이 되어서야 재판이 끝날 거라는 확신이 들
었다.

"프레드 그레이가 아주 뛰어난 변호사라고 생각했어요. 재판 준비를 아
주 잘한 것 같았지요. 나는 자신 있었어요."

클로뎃이 당시를 회상하며 말했다.

인종 분리법 위반에 대한 클로뎃의 무죄 항변은 몽고메리의 모든 흑인
버스 승객뿐 아니라, 조 앤 로빈슨과 제일 침례교회 목사인 랠프 애버내
티를 포함해 재판에 참석한 흑인 지도자들에게도 중요했다. 클로뎃과 프
레드 그레이는 정오가 되어서야 소규모 법정에 소환되어 소년 법원 판사
인 윌리 힐과 마주했다. 학생들은 이름을 부를 때까지 기다리며 복도에
있었는데, 문 뒤에서 벌어지는 일이 궁금해 귀를 쫑긋 세웠다.

클로뎃은 세 가지 다른 혐의를 받고 있었다. 인종 분리법 위반과 치안
방해, 그리고 클로뎃을 버스에서 끌어내던 경찰관을 '폭행'했다는 혐의였
다. 힐 판사는 클로뎃을 체포했던 경찰관 폴 헤들리와 T. J. 워드의 증언을
들었다. 워드는 체포 당시 클로뎃이 경찰관들을 발로 차고 손톱으로 할퀴
면서 '저항했다'고 진술했다.

"저 아이는 자기가 흑인이지만 백인과 동등하다고 주장했습니다."

워드가 판사에게 보고했다. 경찰관들은 그날 버스에 탔던 백인의 편지
를 보여 주었다. 그 편지에는 경찰관들이 '관대한 신사'이며 클로뎃에게
'다른 승객한테 들리지 않을 만큼 차분한 목소리로' 말을 건넸다고 적혀

있었다. 하지만 프레드 그레이가 증인으로 신청한 학생은 아주 다른 이야기를 했다. 경찰관 두 명이 만원 버스에서 무서운 기세로 클로뎃을 대했다고 증언했다. 그레이는 인종 분리법 자체에 이의를 제기하는 동시에, 앨라배마 주의 법률 조항과 몽고메리 시 조례의 인종 분리 규정 조항은 위헌이라고 주장했다.

점심시간 직전에 힐 판사는 클로뎃의 모든 혐의가 유죄라는 어리석은 판결을 내렸다. 이제 클로뎃은 보호 관찰을 받게 될 것이다. 주 정부의 보호를 선고받았고, 부모의 보호 관리를 받는다는 조건하에 풀려났다. 판사는 의사봉을 두드려 상소를 기각했다. 무수한 단어들이 클로뎃의 머리를 스쳐 지나갔다. 분노가 치밀었다. 그리고 지난 두 주 동안 가슴속에 응어리져 있던 모든 것들이 솟구쳤다. 조 앤 로빈슨은 이렇게 썼다.

"클로뎃이 몹시 괴로워하며 흐느끼는 소리가 법원의 공기를 관통했다. 많은 사람들이 눈물을 훔쳤다."

클로뎃 : 이제 나는 범죄자였어요. 취업을 할 때나 대학에 갈 때도 경찰 기록이 따라다닐 거예요. 그래요. 나는 보호 관찰을 조건으로 풀려났어요. 하지만 적어도 1년 동안은 어디를 가든 조심해야 해요. 나를 좋아하지 않는 사람이 곤경에 빠뜨릴 수도 있으니까요. 나는 잘못이 없었어요. 빈자리가 없으면 자리를 양보하고 서 있지 않아도 된다는 버스 이용 규정을 흑인 승객들이 모두 알고 있는 건 아니었어요. 하지만 나는 알고 있었죠. 버스 운전사가 나더러 자리를 양보하고 뒤로 가라고 했을 때 빈자리는 없었어

요. 나는 법을 어긴 게 아니에요. 내가 경찰관을 폭행했다고요? 내가 경찰관들을 때렸다면 내 명대로 못 살 거예요.

학교로 돌아왔을 때 점점 더 많은 학생들이 나한테 등을 돌렸어요. 어디를 가도 손가락질을 하며 수군댔어요. 복도를 걸어가는 나를 보고 킬킬거리며 흉내를 내는 아이들도 있었죠.

"이건 헌법상의 권리예요! 이건 헌법으로 보장된 내 권리라고요!"

나는 흑인들을 위해 맞서 싸웠어요. 우리 권리를 위해 일어섰어요. 영웅이 되리라 기대하지 않았지만, 이런 반응은 생각도 못했어요.

나는 자주 울었고, 사람들은 나한테 '감정적'이라고 말했어요. 글쎄요. 이런 일을 당하고도 감정적이지 않을 사람이 있을까요? 말해 보세요. 이럴 때 울지 않을 사람이 있을까요?

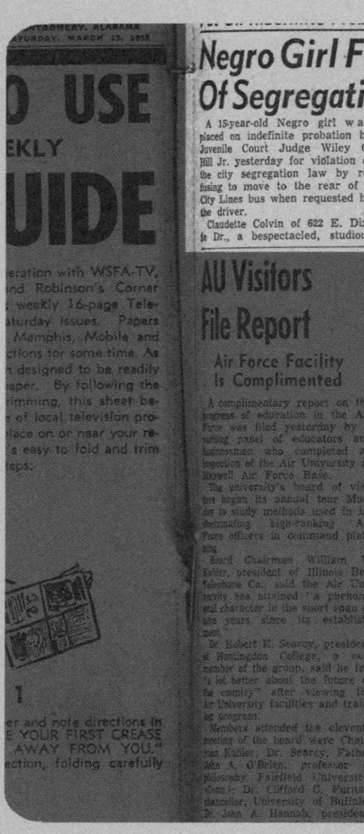

Negro Girl Found Guilty Of Segregation Violation

A 15-year-old Negro girl was placed on indefinite probation by Juvenile Court Judge Wiley C. Hill Jr. yesterday for violation of the city segregation law by refusing to move to the rear of a City Lines bus when requested by the driver.

Claudette Colvin of 622 E. Dixie Dr., a bespectacled, studious looking high school student, accepted the court's ruling with the same cool aloofness she had maintained throughout her 2½-hour hearing.

Appeal Is Planned

Fred D. Gray, 24-year-old Negro attorney who represented the girl, along with Negro Atty. Charles D. Langford, announced immediately after the decision he would file an appeal to circuit court.

Thetford, who served as special prosecutor, moved at the beginning of the hearing to consolidate the three charges against the girl into one. She was charged with disorderly conduct, assault and battery against Patrolman Thomas J. Ward, and violation of Chapter 6, Section 11 of the Montgomery City Code which makes it "unlawful for any passenger to refuse or fail to take a seat among those assigned to the race to which he belongs. . ."

Refused To Move

The incident occurred at the intersection of Bibb and Commerce Streets, on March 2 when the City Lines bus driver, Robert W. Cleere, requested Claudette Colvin and another Negro girl who was sitting beside her to move to the rear. The other girl heeded the request, it was brought out in testimony, but Claudette balked. She still refused after Patrolman E. R. Crew, summoned by the driver, stuck his head in the rear door of the bus and again asked her to move.

A squad car containing Patrolman Ward and Paul Headley arrived, and the girl refused a third time to move at their request. The officers then carried her from the bus. Ward said as he was putting her in the rear of the police car, the girl "hit, scratched and kicked" him. He finally got her in, he said, and Officer Headley, coming around the other side of the car, placed handcuffs on her.

Judge Hill ruled the girl "a ward of the State of Alabama and to be placed on probation pending . . . court."

AU Visitors File Report

Air Force Facility Is Complimented

A complimentary report on the progress of education in the Air Force was filed yesterday by a visiting panel of educators and businessmen who completed an inspection of the Air University at Maxwell Air Force Base.

The university's board of visitors began its annual tour Monday to study methods used in indoctrinating high-ranking Air Force officers in command planning.

Board Chairman William V. Kahler, president of Illinois Bell Telephone Co., said the Air University has attained "a phenomenal character in the short span of nine years since its establishment."

Dr. Robert E. Searcy, president of Huntingdon College, a new member of the group, said he felt "a lot better about the future of the country" after viewing the Air University facilities and training program.

Members attended the eleventh meeting of the board. Were Chairman Kahler; Dr. Searcy, Father John A. O'Brien, professor of philosophy, Fairfield University; Dr. Clifford C. Furnas, chancellor, University of Buffalo; Dr. John A. Hannah, president

SMU CHOIR SCHEDULES CONCERT HERE: — The Southern Methodist University Choir will give a concert of sacred music Sunday at 8 p.m. in the First Methodist Church sanctuary under the direction of Dr. Orville J. Borchers, dean of the school of music. The choir of 40 will present some of the great church music of Europe and America. The Wesley Fellowship Class is sponsoring the choir's performance.

State Rights Move Beaten By Fisheries Commission

A resolution protecting states rights of aquatic nature on the Gulf of Mexico was defeated here yesterday in a closed door executive session of the Gulf States Marine Fisheries Commission.

The resolution opposed the making of "any fisheries treaty convention, compact or agreement which does not specifically provide the right of the five gulf states to regulate their aquatic resources is not limited."

Lee Eddy, chief of the Louisiana Fish and Wild Life Service, who proposed the resolution said the Marine Commissioners turned down the resolution with Alabama's commissioners splitting, Florida abstaining from voting and Texas voting no. That, he said, left only Louisiana voting for the resolution. shrimp caught.

He said it was an "outright blackmail scheme of the Mexican government that owns the shrimp fishing waters." Louisiana with plenty of fishing area is against this sort of blackmail, he said, since we have our own grounds.

Retaliation Feared

Texas and Florida, without their own waters for shrimp fishing, fear retaliation by Mexico if they go for the resolution, he said.

The resolution was proposed by Eddy in an open commission meeting but Dr. W. C. Holmes of Foley, Ala., proposed the commissioners go into executive session to vote. The executive session lasted 45 minutes.

Senator Hermes Gautier, president of the GSMF Commission, was

Wesley F Sponsors At First M

The Wesley First Methodist sor a concert odist Church S by the choir of ist University.

Forty voices, music, will sing great church music and America from the 16th present.

The performa the direction of Borchers, dean Methodist Uni music. Dr. Bo known through ances of the di rection through Southwest. He i for his madriga performances a tional meetings. The SUM

1955년 3월 19일자 『앨라배마 저널』

나는 경계를 넘어 자유의 몸이 되었어요.
하지만 자유의 땅에서 나를 반기는 사람은 아무도 없었죠.
나는 낯선 땅의 이방인이었어요.

— 해리엇 터브먼

Harriet Tubman: 1822~1913, 지하 철도 조직을 통해 100명에 이르는 노예들의 탈출을 도운 위대한 흑인 여성

6장

'미친' 시대

1955년 봄과 여름

　클로뎃의 재판이 열린 다음 날 아침, 『몽고메리 애드버타이저』 신문에 클로뎃의 유죄 판결에 관한 기사가 실렸다. 제목은 '흑인 소녀, 시내버스 인종 분리법 위반으로 유죄 선고'였다. 기사를 읽은 흑인 독자들은 '버스 운전사는 주행 시 경찰권이 있으며 백인과 흑인 승객이 분리해서 앉도록 감시해야 한다.'는 시 조례를 떠올렸다.

　클로뎃의 재판 소식이 알려지면서 몽고메리에는 긴장감이 감돌았다.

　조 앤 로빈슨은 당시를 이렇게 회고했다.

　"그 판결은 폭탄선언이었다. 흑인들은 폭발하기 직전이었다. 흑인 사회 전역에 분노와 저항, 동요의 조짐이 또렷하게 나타났다. 며칠 동안 흑인들은 버스를 타지 않았다. 항의가 사방에서 빗발쳤다. 보이콧 문제가 다시 등장하고, 흑인들의 마음을 어렴풋하게 사로잡기 시작했다. 신문에서는 이미 여성정치위원회가 흑인들에게 버스 보이콧에 동참할 것을 알리는 전단 5만 장을 준비했으며, 구체적인 장소와 시간만 적어 넣으면 된다고 보도했다. 그러나 마음의 결정을 내리지 못한 회원들도 있었고, 기다려 보자는 회원들도 있었다. 이들은 시 전체가 우리 편을 들어 줄 거라는 확신을 갖고 싶어 했다. 하지만 클로뎃에 관해서는 의견이 갈렸다. 버스 보이콧 운동을 유발하기에는 클로뎃이 너무 어리다고 생각하는 회원들도 있었다."

클로뎃이 너무 어린 건 아닐까? 고집 센 여자아이를 통제할 수 있을까? 도대체 클로뎃은 어떤 아이일까? 조 앤 로빈슨이 이끄는 여성정치위원회 부간사가 클로뎃을 뒷조사했다. 클로뎃에 대해 들은 적이 있는 어른 지도자가 없었기 때문이다. 몽고메리 흑인 지도자들은 클로뎃의 부모가 앨라배마 주립 대학을 졸업하고 덱스터 애버뉴 침례교회에 다니는 엘리트가 아니라는 걸 이미 알고 있었다. 조사에 따르면, 클로뎃 콜빈은 고모할머니 부부 밑에서 자랐는데, 고모할머니는 가정부이고 할아버지는 잔디 깎는 사람이었다. 그리고 콜빈 가족이 사는 킹 힐은 가난하거나 질 낮은 사람들이 모여 사는 동네로 알려져 있었다. 게다가 클로뎃이 성실하게 다니는 허친슨 스트리트 침례교회는 가난한 노동자들을 위한 교회였다.

의심이 슬그머니 고개를 쳐들었다. 무수한 수식어가 클로뎃 콜빈의 주위에서 시끄럽게 떠돌기 시작했다. '감정적인', '자제력이 부족한', '불경스러운', '나대는' 따위의 말이었다. 조 앤 로빈슨이 적절히 표현한 것처럼 핵심은 '클로뎃에 관해서는 의견이 갈렸다.'는 사실이다.

"나는 함께라면 승리할 수 있을 누군가가 있다고 확신을 가져야만 했습니다."

E. D. 닉슨이 당시를 회고하며 한 말이다.

몽고메리 버스 반란의 조짐이 무르익으며 흑인 지도자들은 클로뎃 콜빈에게 등을 돌렸다.

클로뎃에 관한 온갖 시끄러운 논의에 끼지 않은 유일한 사람은 바로 클로뎃 자신이었다.

"보이콧 대변인으로 활동하는 문제로 상의하러 온 사람은 없었어요. 어른들이 내 얘기를 하거나 뒷조사하는 줄은 생각도 못 했어요. 그 사람들 가운데 나하고 이야기를 나눈 건 변호사 프레드 그레이뿐이었어요."

클로뎃이 당시를 떠올리며 말했다.

NAACP와 다른 몽고메리 단체들은 클로뎃의 유죄 판결에 대해 버스 보이콧으로 항의하지 않기로 결정했다. 하지만 상소를 하는 데 필요한 돈은 모으기로 했다. 클로뎃의 누명을 벗긴다는 목적도 있었지만, 클로뎃 사건을 통해 인종 분리법을 계속 공격할 수 있으리라는 계산도 깔려 있었다. 흑인 지도자들은 클로뎃 사건을 연방 법원까지 상소하기를 간절히 바랐다. 3월 한 달 동안 몽고메리 흑인 교인들은 클로뎃 콜빈 사건을 위해 헌금함에 특별 헌금을 낼 것을 권유받았다. 3월 말이 되자 교회 열네 곳과 시민 단체 네 곳이 조금씩 기부한 돈으로 변호사 비용을 충당했다.

NAACP를 지원하는 부유하고 영향력 있는 몽고메리 백인 시민인 버지니아 더르가 클로뎃을 위해 혼자 모금 활동을 시작했다. 더르는 평소 알고 지내던 대학 교수인 커티스 맥두걸에게 편지를 썼다. 학생들을 설득해 상소를 위한 모금을 하고, 클로뎃에게 응원의 메시지를 보내 달라는 내용이었다.

더르는 편지에서 이렇게 썼다.

"나는 이 어린 여자아이가 말로 표현할 수 없을 정도로 용감해 보여요. 그건 기적이었어요. 버스에 함께 탔던 친구들조차 떠나 버렸는데도 이 아이는 꼼짝하지 않았어요. 그 상황에서 크고 건장한 백인 남자 네 명이 협박했는데 말이에요. 정말 놀랍지 않아요?"

얼마 지나지 않아 100여 통의 편지가 NAACP 몽고메리 지부 간사인 로자 파크스를 통해 클로뎃에게 전달되었다.

1955년 5월 6일, 프레드 그레이는 클로뎃의 유죄 판결을 상소하기 위해 몽고메리 순회 법원으로 갔다. 유진 카터 판사는 증언을 들은 뒤 클로뎃의 세 가지 혐의 가운데 두 가지, 곧 인종 분리법 위반과 치안 방해를 무

상소

미국 법 체계는 시와 카운티 법원에서 시작해 주 법원, 연방 법원, 대법원까지 이어진다. 법원의 판결에 동의하지 않으면 상급 법원에 상소할 수 있다. 상소를 해서 한 번 더 기회를 얻는다는 말은 솔깃하게 들린다. 하지만 변호사 비용이 비싸고, 상소에서 이기는 게 항상 쉽지도 않다. 판사들이 하급 법원 동료들의 판결을 번복하는 것을 망설이기 때문이다. 클로뎃 사건에서 흑인 지도자들은 몽고메리 소년 법원의 판결에 대해 상급 법원인 몽고메리 순회 법원에 상소하도록 결정했다. 이때 순회 법원은 여전히 앨라배마 주 법 체계 안에 있다.

혐의 처리했다. 하지만 클로뎃이 경찰관들을 '폭행'했다는 혐의는 벗겨지지 않았다. 카터 판사는 클로뎃에게 소액의 벌금형과 부모의 보호 아래 둔다는 보호 관찰형을 선고했다.

이 결과는 두 가지 이유에서 가혹했다. 첫째, 몽고메리 흑인 지도자들은 클로뎃 사건을 상급 법원으로 가져가서 인종을 분리하는 버스 좌석 제도의 위헌성을 따지려고 했다. 하지만 카터 판사가 약삭빠르게 해당 죄목을 무혐의 처리하는 바람에, 인종 분리법과 관련해서는 명확하게 상소할 수 있는 게 없었다. 그레이를 제외한 나머지 흑인 지도자들은 모두 클로뎃 사건을 상소하는 데 관심을 잃었다.

둘째, 클로뎃에게 범죄 기록이 남았다. 클로뎃은 경찰관을 폭행한 혐의로 유죄 판결을 받았기 때문에 취업 지원서, 신용 기록, 학교 성적 증명서에 영원히 흠이 남게 되었다. 카터 판사는 클로뎃에게서 마음의 평화를 빼앗아 갔다. 이제 클로뎃은 사람들이 자신을 비행 청소년, 범죄자, 이름에 꼬리표를 달고 다니는 사람으로 생각할까 봐 두려웠다. 클로뎃은 불의에 맞선 대가로 꿈을 희생한 것일까?

비가 내리고 날씨가 쌀쌀해지면서 흑인들은 다시 버스를 이용하기 시작했다. 클로뎃은 몇 주 남은 3학년 과정을 마치기 위해 학교로 돌아갔다. 그리고 자신을 대하는 학교의 태도가 냉담해진 걸 이내 알아차렸다. '버스 소녀'가 선구자에서 말썽꾼으로 전락한 것이다. 이제 점점 더 많은 학생들이 클로뎃을 놀렸다. 클로뎃은 마음이 흔들리기도 했지만 자기만의 방식으로 씩씩하게 맞서 싸웠다.

클로뎃 : 어느 토요일이었어요. 머리카락을 펴러 미용실에 갈 시간을 기다리며 집에서 혼자 빈둥거리다가 이런 생각이 들었어요. 좀 더 백인처럼 보이려고 머리카락을 펴는 데 돈과 시간을 낭비해야 하는 이유가 뭘까? 나는 곧장 주방으로 가서 머리카락을 물에 적셨어요. 그리고 머리카락이 아직 축축할 때 땋아 늘어뜨려 봤어요. 손질을 끝냈더니 겨우 여섯 살배기 정도로 보였어요.

외출에서 돌아온 엄마가 미용실에 오지 않은 이유를 물었어요. 그러고 나서 내 머리를 보더니 말했어요.

"꼴이 그게 뭐니?"

머리를 땋아 늘어뜨리는 건 내가 학교에서 할 수 있는 가장 강력한 표현이었어요. 내가 머리카락을 다 잘라 버렸다면 정신병원에 갇히고 말았을 거예요. 네스빗 선생님의 말이 옳았어요. 누가 뭐라 해도 내 머리카락은 '좋은 머리카락'이었어요. 머리카락을 펴지 않고 생긴 대로 하고 있다는 건 이렇게 말하는 것과 같아요.

"나도 너만큼이나 예쁘다고 생각해."

갑자기 학교 가기 전에 전기 빗을 가열해 머리카락을 펴는 게 시간 낭비처럼 느껴졌어요. 그래서 머리카락 손질을 관뒀어요. 나는 인종 분리에 대해 아주 감정적이 되었어요. 흑인들이 취급받는 방식도 싫었고, 우리끼리 대하는 방식도 싫었어요. 나는 모두에게 말했어요.

"이 엉망진창인 세상이 바로 펴지기 전까진 머리카락을 안 펼 거야."

그건 우리 흑인이 공평하게 대우받는 순간까지 머리카락을 손질하지 않겠다는 뜻이었어요.

다음 주 월요일에 학교에 갔더니 다들 내 모습을 보고 깜짝 놀라 어쩔 줄 몰라 했어요. 선생님들이 물었어요.

"이게 무슨 짓이냐?"

선생님들은 내가 흉한 머리를 하고 있다고 학교 연극에도 출연하지 못하게 했어요. 반 친구들은 내가 아직 동생의 죽음에서 헤어 나오지 못한 모양이라고 말했고요. 나는 마음속에 담아 두지 않으려 했지만 다른 아이들은 아니었어요.

그때 사귀던 남자 친구는 프레드 하비였어요. 같은 홈룸이었는데, 내가 프레드 숙제를 도와주곤 했어요. 프레드는 정말 다정했어요. 돈이 많아서 영화를 본 뒤에 버스가 아니라 택시에 나를 태워 보냈어요. 하지만 프레드도 내 머리를 보고 깜짝 놀랐어요. 계속 이렇게 묻더군요.

"왜? 도대체 왜? 왜 머리카락을 펴지 않는 거야?"

나는 내 머리 모양이 '아프리카인'처럼 보여서 자랑스럽다고 말했어요. 이 말에 프레드는 정말 화가 난 것 같았어요. 당시에 우리는 '아프리카인'이라는 단어를 절대 쓰지 않았어요. 아프리카는 정글이고, 아프리카는 타잔이었어요. 우리는 아프리카인이었던 과거를 부끄러워했어요. 하지만 나는 아프리카가 자랑스러웠어요.

"너는 미쳤어. 미쳐도 단단히 미쳤어."

내가 학교를 떠나기 전인 그해 봄, 내내 다른 사람들한테 들은 이야기는 그게 전부였어요.

"체포되었을 때부터 클로뎃은 화제의 인물이었어요. 하지만 관심은 엉뚱한 쪽으로 향했어요. 아이들은 클로뎃이 무슨 일이 벌어질지 알아야 했다고, 자리를 양보하고 일어났어야 했다고 말했어요. 모든 게 뒤바뀌었어요. 다들 잘못을 저지른 백인들이 아니라 클로뎃을 비난했어요. 클로뎃이 복도를 지나갈 때면 뒤에서 수군거렸죠. 정말 한심한 일이었어요.

그렇게 악화된 건 순전히 머리 모양 때문이었어요. 클로뎃은 언제나 머리를 말쑥하게 관리했어요. 그러던 애가 어느 날 머리를 땋고 학교에 왔으니 충격적인 일이었죠. 아이들은 대번에 클로뎃을 멀리했어요. 클로뎃이 미쳤다고 수군거렸죠. 나도 클로뎃의 머리에 충격을 받았지만, 당혹스러운 정도는 아니었어요. 나는 클로뎃 편이었어요. 클로뎃은 멋진 애였어요. 나이보다 훨씬 성숙했죠.

하루는 선생님이 나중에 커서 뭐가 되고 싶은지 써내라고 했어요. 클로뎃은 '미국 대통령'이라고 적었어요. 나는 클로뎃이 정말 대통령이 되고 싶어 한다는 걸 알고 있었어요. 우리는 클로뎃 곁에 둘러서서 걔가 한 행동을 자랑스러워해야 했어요. 하지만 그러기는커녕 비웃기 바빴죠."

클로뎃의 반 친구였던 알렌 바우저가 당시를 회상하며 말했다.

여름방학이 시작되고 뜨거운 햇볕이 중앙 앨라배마를 달궜다. 클로뎃은 벌레가 득시글대는 긴 여름날을 대부분 킹 힐 파크에서 흘려보냈다. 베란다에 앉아 코바늘 뜨개질을 하고 사촌과 이야기를 나누면서 그늘을 따라 의자를 옮겼다. 또 엄마를 도와 백인 가정의 세 아이를 돌보기도 했다. 클로뎃은 때때로 아이를 돌봐 주며 용돈을 벌었다. 밤은 더디 지나갔다. 클로뎃은 혹시라도 잘못될까 봐 춤과 파티도 즐기지 못했다. 단 한 번이라도 잘못을 저지르거나 누군가 악의를 품고 신고하는 날엔 꼼짝없이 보호 관찰 위반자가 되기 때문이었다. 클로뎃은 친구도 만나지 않고 집에서만 지내며 내향적으로 변했다.

하지만 교회는 꾸준히 나갔다. 클로뎃은 일요일이면 허친슨 스트리트 침례교회에서 예배를 본 뒤 마을을 가로질러 로자 파크스의 NAACP 청년 모임에 참석하곤 했다. 로자 파크스는 클로뎃을 출석과 회원 기록을 관리하고 공지 사항을 알리는 청년 간사로 임명했다. 모임은 붉은 벽돌로 지은 트리니티 루터 교회에서 열렸다. 이 교회 목사인 로버트 S. 그라츠는 몽고메리에서 신자가 모두 흑인인 유일한 백인 목사였다.

클로뎃: 차가 있을 때만 갔어요. 더 이상 버스를 타고 싶지 않았거든요. 집으로 돌아올 차가 없으면 로자 아줌마네에서 잤어요. 아줌마는 교회 건너편 주택 단지에 살고 있었어요. 아줌마는 친해지기 어려운 사람이었지만 아줌마의 어머니, 그러니까 할머니는 완전히 달랐어요. 다정하고 수다스럽고 재미있는 분이었어요. 우리는 수다를 떨며 밤을 새우곤 했어요. 아줌마는 일감으로 가져온 웨딩드레스를 나한테 입혀 놓고 옷을 손보기도 했죠. 할머니는 흑인 여자애들이 학대받는 온갖 끔찍한 이야기를 알고 있었어요. 우리가 이야기하지 못할 화제는 없었어요.

로자 아줌마는 모임에서 완전히 다른 사람 같았어요. 평소에 아줌마는 아주 친절하고 신중했어요. 내가 커피를 얼마나 좋아하는지, 리츠 크래커에 땅콩 버터를 어떻게 발라 먹는지도 정확히 알고 있었어요. 하지만 말수는 적었어요. 그러다 모임이 시작되면 정말 아줌마가 맞는지 의심이 들정도였어요. 특히 권리에 대해서는 아주 단호했어요. 아줌마는 "우리는 인종을 분리하는 차별의 벽을 허물어뜨릴 것입니다."라고 적혀 있는 전단지를 돌렸어요.

우리 동네에서 모임이 열렸다면 더 재미있었을 거예요. NAACP 청년 모임에 오는 애들은 학교에서 보던 애들이랑은 달랐어요. 사립 학교에 다녔고, 부모는 전문직으로 일했죠. 걔들이 고등학교를 졸업하면 북부로 진학할 거라고 말할 때마다 로자 아줌마는 이렇게 꾸짖곤 했어요.

"왜 가족들이 너를 북부로 보내야 하니? 여기 대학서도 좋은 교육을 받을 수 있어. 대학들이 흑인과 백인 학생을 분리하긴 하지만 말이야."

아줌마는 버스에서 체포될 때 이야기를 청년 모임 애들한테 들려주라고 줄기차게 부탁했어요. 어느새 아이들 모두 버스 사건을 몇백 번씩 듣게 되었어요. 아이들은 이제 그 이야기가 지겨운 눈치였죠.

|

클로뎃은 그해 여름에 마을 이곳저곳을 돌아다니다가 자기 이야기에 진심으로 귀를 기울이는, 적어도 귀를 기울이는 것처럼 보이는 사람을 만났다. 야구장에서 경기를 보다가 만난 살빛이 옅은 흑인 남자였다. 클로뎃은 그 남자가 자기보다 열 살쯤 많고 이미 결혼했을 거라고 생각했다.

하지만 남자는 아내와 헤어진 뒤 어머니와 살고 한국 전쟁에도 참전했다고 말했다. 한국이라는 먼 나라에서 벌어진 일들을 생생하게 들려주며 거짓말이 아니라는 걸 증명했다.

클로뎃 : 아저씨와 대화하는 게 좋았어요. 처음으로 내 머리 모양을 이해해 준 사람이었죠. 다들 내 머리를 보고 제정신이 아니라거나 미쳤다고 했지만 아저씨는 나를 이해해 줬어요. 흑인이 진짜 곧은 머리카락을 가지는 건 어쨌든 불가능하다면서요. 아저씨는 곧은 머리카락을 발까지 길게 기른 아시아 여자들을 본 적이 있다고 했어요. 흑인 여자들은 아무리 애를 써도 그렇게는 못하죠.

아저씨는 사람들이 뭐라고 수군대든 무시하라고 다독였어요. 나는 바로 그런 말을 듣고 싶었어요. 아저씨는 편한 대화 상대였어요. 나하고 통하는 게 있었죠. 내가 "혁명이 일어나고 있어요. 우리 모두 떨치고 일어나야 돼요."라고 말하면 아저씨도 맞장구치곤 했어요. 하지만 아저씨를 만나는 동안 늘 내가 무모하다는 자책이 들었어요. 아저씨는 나보다 나이도 경험도 훨씬 많았어요. 감당 못할 지경이 되리라는 걸 알면서도 그만두는 게 힘들었어요.

|

찌는 듯한 여름은 더디게 지나갔다. 클로뎃은 5월 노동절 직후에 열여섯 번째 생일을 맞았고 부커 T. 워싱턴 고등학교 졸업반이 되었다. 클로뎃

소송 사건은 몽고메리 순회 법원에서 종결되었다. 클로뎃은 로자 파크스만 제외하고 모든 흑인 지도자들과 연락이 끊겼다. 흑인들은 몽고메리에서 버스를 탈 때 여전히 분노와 굴욕을 감수해야 했다. E. D. 닉슨, 조 앤 로빈슨 같은 흑인 지도자들은 버스 보이콧에 불을 지피기에 '적합한' 사람이나 사건을 계속 찾고 있었다.

10월 21일, 열여덟 살 먹은 두 번째 십대 소녀 메리 루이스 스미스가 몽고메리 버스 운전사의 명령에 반항했다. 메리 루이스는 일주일 전에 일했던 백인 가정에서 12달러를 받으러 그날 아침 일찍 집에서 나왔다. 하지만 메리 루이스가 도시 반대쪽에 있는 백인 가정에 도착했을 때 집에 아무도 없었다. 메리 루이스는 가족에게 필요한 임금을 받지 못했을 뿐 아니라 왕복 버스 요금 20센트도 날렸다. 일주일 동안 일하고 도시 반대쪽까지 찾아간 게 헛수고가 되었다. 메리 루이스는 집으로 돌아오는 버스 안에서 이런저런 생각을 하고 있었다. 그때 붉은 머리 여자가 통로에 나타나 자리를 양보하고 뒤로 가라고 명령했다.

성 유다 학교의 수녀님들은 메리 루이스와 자매들에게 피부색에 상관없이 모든 사람을 존중해야 한다고 가르쳤고, 메리 루이스는 수녀님의 말씀을 실천했다. 하지만 그날따라 화가 났다. 자리를 양보하라고 부탁하는 건 버스 운전사의 일이고, 부탁할 때는 공손해야 한다는 생각이 들었다. 메리 루이스는 투덜거리면서 다리를 꼰 채 자리에서 꼼지락대기만 했다. 운전사가 자리를 양보하라고 말했지만 메리 루이스는 듣지 않았다. 두 번째 명령도 거부했다. 그러자 운전사는 무전을 쳤고, 잠시 후 경찰관이 버스에 올라타 메리를 체포했다.

경찰관은 메리 루이스를 시내로 데려가 조서를 작성한 뒤 투옥했다. 메리 루이스는 두 시간 후 아버지가 도착해 벌금 14달러를 낸 뒤에야 풀려났다. 이 사건은 순식간에 조용하게 벌어져서 신문에도 실리지 않았다. E. D. 닉슨과 다른 흑인 지도자들이 소식을 들었을 때는 이미 벌금을 지불해서 법적으로 이의를 제기하기에는 늦은 상태였다.

하지만 사람들은 끊임없이 그 사건을 입에 올렸다. 또 다른 십대 여자애가 버스에서 체포되었대. 누구야? 어디 출신이래? 가족은 어느 교회에 다닌대? 부모가 누구야? 어디 살아? 얼마 지나지 않아 메리 루이스의 아버지가 술주정뱅이고 지저분한 판잣집에 산다는 소문이 퍼졌다.

그러나 진실은 너무나 달랐다. 메리 루이스는 술에 취한 아버지를 본 적이 없다고 나중에 말했다. 무엇보다 확실한 사실은 메리 루이스의 아버지가 너무 바빠서 술독에 빠져 있을 시간도 없다는 것이었다. 1952년에 어머니가 죽은 뒤 아버지는 여섯 아이를 돌보기 위해 부업까지 해야만 했다. 그리고 노동 계급이 사는 동네에 자리 잡은 메리 루이스의 집은 판잣집이 아니라 침실이 세 개 있는 2층짜리 목조 가옥이었다. 메리 루이스 스미스는 시내버스에서 짐 크로 법에 맞설 배짱을 가진 두 번째 십대 소녀였지만, 클로뎃과 마찬가지로, 대규모 버스 저항 운동을 이끌 대중적인 인물로 활동하기에는 '부적합'하다고 판정받았다.

1955년 여름과 겨울 사이에 몽고메리의 흑인 활동가들은 짐 크로 법의 아킬레스건임이 점점 분명해져 가는 버스에 대해 골똘히 생각했다. 활동가들은 자기들만의 방식으로 해결할 방법을 고민했다. 조 앤 로빈슨, E. D. 닉슨, 마틴 루터 킹, 그리고 다른 흑인 지도자들은 시 공무원들과 버스 회사 임원들을 지속적으로 만났다. 그리고 흑인 운전사 채용, 흑인 승객에 대한 예의 바른 대우, 좌석 방침 변경 등을 관철하기 위해 계속 압력을 가했다. 흑인 활동가들은 뻔한 격식만 갖춘 거절 앞에서 결심을 굳혔다. 마틴 루터 킹은 시 공무원들과 버스 회사가 자기 무덤을 파고 있다고 생각하며 이렇게 술회했다.

"클로뎃 콜빈 사건 이후에도 시 공무원들과 버스 회사가 탈바꿈하지 않았기 때문에 훨씬 단호한 위원회가 필요하다는 걸 깨달았다."

로자 파크스와 프레드 그레이는 매일같이 점심을 함께 먹으며, 버스에서 벌어지는 인종 분리 정책을 끝내기 위해 클로뎃 콜빈 사건에서 어떤 교훈을 얻어야 하는지 종종 의견을 나누었다. 로자 파크스는 7월에 테네시 주의 하이랜더 포크 스쿨에서 열리는 2주 과정의 인종 교류 워크숍에 참석했다. 그리고 그곳에서 처음으로 흑인과 백인이 동등하게 대우받는 광경을 목격했다. 로자 파크스는 이 경험이 자신의 인생을 송두리째 바꾸었다고 말했다.

변화의 시간이 무르익었다. 인종 분리 정책에 대한 인내가 한계를 향해 치닫고 있었다. 클로뎃이 경계선을 뛰어넘었다. 적어도 앨라배마 주의 청소년 하나는 평생 짐 크로 법을 받아들이며 살 수 없다고 선언한 셈이었다. 일곱 달 뒤, 메리 루이스 스미스가 클로뎃과 뜻을 같이했다. 그리고 1년 6개월 뒤 브라운 대 교육 위원회 소송 사건에서 용감한 청소년들이 지

에밋 틸과 그의 어머니 메이미 브래들리

에밋 틸

1955년 여름에 일어난 에밋 틸 사건은 남부에서 인종 통합 정책에 얼마나 많은 저항이 있었는지 보여 주는 끔찍한 사례이다. 시카고에 사는 열네 살 흑인 소년 틸은 친척을 만나러 미시시피 주 작은 마을을 방문했다. 1955년 8월, 틸은 가게를 나오며 백인 여점원에게 휘파람을 분 뒤 "자기야, 잘 있어."라고 말했다고 한다. 그로부터 사흘 뒤, 틸은 납치되었다. 다시 사흘 뒤, 가시줄로 묶이고 기괴하게 훼손된 틸의 시체가 강물 위로 떠올랐다. 백인 남자 두 명이 체포되었지만 모두 백인으로 구성된 배심원단은 그들을 석방했다.

이 잔인한 범죄는 냉혹한 메시지를 전했다.

"우리는 그해 여름, 그리고 가을에 개학하고 나서도 학교에서 이 사건 얘기를 많이 했어요. 예전에도 린치를 하고 십자가를 불태우는 일들은 있었지만, 이건 훨씬 강력한 경고였어요. 에밋 틸은 나와 동갑이었다고요."

클로뎃이 당시를 회상하며 말했다.

흑인 소녀, 인종 분리법 위반으로 유죄 선고

어제, 소년 법원 윌리 C. 힐 판사는 자리를 양보하고 버스 뒤로 가라는 버스 운전사의 지시를 거절하여 인종 분리법 위반 혐의로 체포된 15세 흑인 소녀에게 무기한 보호 관찰형을 선고했다.

안경을 낀 모범생 타입의 고등학생 클로뎃 콜빈은 2시간 30분 동안 열린 심리에서 무죄를 주장할 때의 초연한 모습으로 법원의 판결을 받아들였다.

상소 계획

흑인 변호사 찰스 D. 랭포드와 함께 클로뎃 콜빈의 변호를 맡은 24세의 흑인 변호사 프레드 D. 그레이는 판결 즉시 순회 재판소에 상소하겠다고 발표했다.

특별 검사인 셰퍼드는 재판이 시작되자 세 가지 혐의를 한 가지로 합치자고 제안했다. 클로뎃은 치안 방해와 경찰관 토마스 J. 워드에 대한 폭행 그리고 몽고메리 시 규정 6항 11절을 위반한 혐의로 고발되었다. 몽고메리 시 규정이란 '승객이 자기가 속한 인종을 위해 할당된 좌석에 앉지 않거나 해당 좌석에 앉는 것을 거부하는 행위는 불법'이라는 것이다.

자리 옮겨 앉기를 거부

사건은 3월 2일 비브 스트리트와 커머스 스트리트의 교차점에서 시내버스 운전사인 로버트 W. 클리어가 클로뎃 콜빈과 그 옆에 앉은 다른 흑인 여학생에게 자리를 양보하고 뒤로 가라고 요구하면서 발생했다. 증언에서 밝혀진 바와 같이 다른 흑인 여학생은 자리를 양보하고 뒤로 옮겼지만, 클로뎃은 운전사의 말을 듣지 않았다. 클로뎃은 운전사가 부른 교통경찰 E. R. 크루가 버스 뒷문으로 고개를 디밀고 자리를 옮기라고 했지만 불응했다.

경찰관 워드와 폴 헤들리가 탄 순찰차가 도착했지만 클로뎃은 이번에도 자리를 옮기라는 지시에 불응했다. 경찰관들은 클로뎃을 버스에서 끌어냈다. 워드는 클로뎃을 순찰차 뒷좌석에 밀어 넣을 때 클로뎃이 때리고 할퀴고 발로 찼다고 증언했다. 마침내 워드가 클로뎃을 순찰차에 태우고 다른 경찰관 헤들리가 맞은편으로 돌아가 수갑을 채웠다. 힐 판사는 클로뎃에게 "앨라배마 주의 감시를 받아야 하며, 법원의 추가 지시가 있을 때까지 보호 관찰형에 처한다."는 판결을 내렸다. 힐 판사는 소년 법원이 클로뎃에게 벌금형이나 중노동을 부과할 수 없지만, 다음과 같은 세 가지 선택이 가능하다고 밝혔다. (1) 보호 시설 감금, (2) 보호 관찰형, (3) 감시형.

Put On Indefinite Probation

Negro Girl Found Guilty Of Segregation Violation

A 15-year-old Negro girl was placed on indefinite probation by Juvenile Court Judge Wiley C. Hill Jr. yesterday for violation of the city segregation law by refusing to move to the rear of a City Lines bus when requested by the driver.

Claudette Colvin of 622 E. Dixie Dr., a bespectacled, studious looking high school student, accepted the court's ruling with the same cool aloofness she had maintained throughout her 2½-hour hearing.

Appeal Is Planned

Fred D. Gray, 24-year-old Negro attorney who represented the girl, along with Negro Atty. Charles D. Langford, announced immediately after the decision he would file an appeal to circuit court.

Thetford, who served as special prosecutor, moved at the beginning of the hearing to consolidate the three charges against the girl into one. She was charged with disorderly conduct, assault and battery against Patrolman Thomas J. Ward, and violation of Chapter 6, Section 11 of the Montgomery City Code which makes it "unlawful for any passenger to refuse or fail to take a seat among those assigned to the race to which he belongs. . ."

Refused To Move

The incident occurred at the intersection of Bibb and Commerce Streets, on March 2 when the City Lines bus driver, Robert W. Cleere, requested Claudette Colvin and another Negro girl who was sitting beside her to move to the rear. The other girl heeded the request, it was brought out in testimony, but Claudette balked. She still refused after Patrolman E. R. Crew, summoned by the driver, stuck his head in the rear door of the bus and again asked her to move.

A squad car containing Patrolman Ward and Paul Headley arrived, and the girl refused a third time to move at their request. The officers then carried her from the bus. Ward said as he was putting her in the rear of the police car, the girl "hit, scratched and kicked" him. He finally got her in, he said, and Officer Headley, coming around the other side of the car, placed handcuffs on her.

Judge Hill ruled the girl "a ward of the State of Alabama and to be placed on probation pending further orders of this court." He pointed out the juvenile court could not impose a fine or a hard labor sentence but had three choices: (1) place the girl in an institution; (2) place her on probation; or (3) place her under supervision.

AU Visitors File Report

Air Force Facility Is Complimented

금까지와는 다른 미래를 요구했다. 교육 문제는 해결하기에 너무 어려워 보였지만 교통 문제는 달랐다. 두 사람을 '충동적'이거나 '감정적'이거나 '불경스럽다'고 몰아세워도 상관없었다. 클로뎃과 메리 루이스 스미스는 행동에 나설 준비가 된 청소년들이 있다는 사실을 굳센 용기로 세상에 입증했다.

로자 파크스와 E. D. 닉슨(왼쪽). 마침내 몽고메리 흑인 사회는 행동에 나설 준비를 끝마쳤다.

조상들이 물려준 재능을 발휘합니다.
나는 노예의 꿈이자 희망입니다.
나는 일어납니다.
나는 일어납니다.
나는 일어납니다.

— 마야 앤절루, 「그래도 나는 일어납니다」

Maya Angelou: 1928~, 미국의 시인이자 소설가. 토니 모리슨, 오프
라 윈프리 등과 함께 미국에서 가장 영향력 있는 흑인 여성으로 꼽
힌다.

7장

"또 다른 흑인 여성이 체포되었어요."

1955년 12월 2일, 몽고메리에 거주하는 수만 명의 흑인들은 작성자를 알 수 없는 전단지 한 장을 손에 들고 있었다. 타자기로 친 간단한 내용이 담긴 전단지는 이렇게 시작했다.

"또 다른 흑인 여성이 체포되어 감옥에 갇혔습니다. 백인 승객이 앉도록 자리에서 일어나라는 명령을 거부했기 때문에 벌어진 일입니다. 클로뎃 콜베르[122쪽 참조] 이후로 흑인 여성이 버스에서 자리를 양보하지 않았다고 해서 체포된 두 번째 사건입니다. 이런 일이 또다시 일어나서는 안 됩니다."

그리고 다음과 같이 마무리되었다.

"이에 우리는 모든 흑인 시민들이 체포와 재판에 항의하는 뜻으로 월요일에 버스를 타지 말자고 주장하는 바입니다. 월요일에는 직장이나 시내나 학교나 다른 어떤 곳을 가더라도 버스를 타지 마십시오. 버스 말고 이용할 교통수단이 없다면 하루 정도 학교에 가지 않아도 됩니다. 또 하루 정도는 시내에 나가지 않아도 됩니다. 일을 해야 한다면 택시를 타거나 걸어가십시오. 하지만 아이든 어른이든 부디 월요일에는 버스를 타지 마십시오. 월요일에는 버스를 타지 말 것을 부탁드립니다."

전단지를 작성한 사람은 조 앤 로빈슨이었다. 로빈슨은 앨라배마 주립대학 조교로 일하는 학생 두 명과 함께 대학 등사기를 이용해 전단지를 인쇄하고 포장하느라 밤을 꼬박 새웠다. 로빈슨은 인쇄와 포장을 모두 마친 뒤 미리 구축해 놓은 배포자 연락망을 가동하기 위해 전화를 걸었다. 곧 스무 명 남짓한 협력자들이 도시 전역에 퍼져 있는 약속 지점으로 흩어졌다. 그들은 로빈슨의 차가 어서 오길 목을 빼고 기다렸다. 전단지 뭉치를 받아 학교, 사무실, 공장, 상점, 식당, 미용실 같은 곳에 돌릴 계획이었다. 배포자들은 읽고 나서 다른 사람한테도 전단지를 보여 주라고 말한 뒤 재빨리 자리를 떴다. 그중에는 로빈슨이 가장 신뢰하는 후배인 제럴딘 네스빗과 조시 로렌스도 있었는데, 이들은 클로뎃이 가장 좋아하는 교사였다.

저물녘이 되자 몽고메리에 사는 흑인들 대다수가 무슨 일이 벌어지는지 알게 되었다. 하루 동안 버스 보이콧을 한다는 걸 몰랐던 사람들도 다음 날 아침 『몽고메리 애드버타이저』를 읽고 상황을 파악했다. 신문에는 E. D. 닉슨이 믿을 만한 기자에게 흘린 이야기가 실려 있었다.

체포되었다는 '다른 흑인 여성'은 로자 파크스였다. 바로 전날 오후 로자 파크스는 만원 버스에서 백인 승객에게 자리를 양보하라는 운전사의 지시를 거부했다. 운전사는 클로뎃 사건과 마찬가지로 경찰관에게 신고했다. 버스에 올라탄 경찰관들 가운데 하나가 물었다.

"왜 안 일어나는 거요?"

로자 파크스가 되물었다.

"왜 못살게 구는 거예요?"

경찰관이 다시 말했다.

"그건 내 알 바 아니고. 어쨌든 법은 법이오. 당신을 체포합니다."

클로뎃 사건과 비슷한 부분은 여기까지였다. 로자 파크스는 경찰관이 손목을 홱 잡아채어 소지품이 사방으로 흩어지기 전에 자리에서 일어났다. 경찰관 한 명이 쇼핑백을 챙겨 들고 다른 경찰관이 지갑을 챙겼다. 경찰관들은 버스에서 내려 순찰차에 탈 때까지 로자 파크스를 호위했다. 로자 파크스는 뒷좌석에 혼자 앉았고, 수갑을 차지도 않았다. 경찰관들은 경찰 본부를 거쳐 시청으로 갔다. 로자 파크스는 지문을 찍고 조서를 작성한 뒤 가족에게 전화를 걸 수 있었다.

로자 파크스는 인종 분리법 위반이 아니라 소란 행위로 기소되었다. 감옥에 가지도 않았다. 잠시 후 E. D. 닉슨과 백인 활동가인 더르 부부가 시내로 급히 달려와 보석금을 지불하고 그녀를 집으로 데려갔다. 프레드 그레이는 나중에 로자 파크스를 만나 그녀를 변호하기로 했다. 다음 주 월요일 아침, 로자 파크스는 약식 법정 심리에서 유죄 선고를 받았다. 로자 파크스는 벌금 10달러를 내고 석방되었다. 그레이는 판사에게 상소할 거라고 말했다. 어둑한 법원을 빠져나와 시원하고 환한 아침 공기 속으로 걸어 나오던 로자 파크스는 수백 명의 지지자들이 기다리고 있다가 격려를 보내자 깜짝 놀랐다.

클로뎃은 저항이라는 화약통의 도화선에 불을 붙였지만, 몽고메리의 흑인들은 이 뜻밖의 행동에 당황했다. 아홉 달이 지난 지금에야 행동할 준비가 된 흑인 사회는 로자 파크스를 받아들였다. 클로뎃은 그들에게 준비할 시간을 준 셈이었다.

"로자 파크스 여사의 공로를 훼손하려는 게 아니에요. 하지만 클로뎃은 우리가 행동으로 옮길 수 있도록 용기를 주었어요."

프레드 그레이가 당시를 회상하며 말했다.

40대 초반의 기혼 여성 로자 파크스는 몽고메리 NAACP에서의 활약으로 널리 알려져 있었다. 시내 백화점에서 재봉사로 근무하며 낡은 옷을 수선하고, 치수를 고치고, 스팀다리미로 다림질을 했다. 전문직에 종사하는 흑인뿐만 아니라 평범한 흑인 노동자들도 로자 파크스를 알고 있었고, 또 그녀를 존경했다. 로자 파크스는 피부색이 밝았지만 그렇다고 백인은 아니었다. 감리교 신자였기 때문에 마틴 루터 킹이 목사로 있는 덱스터 애버뉴 침례교회에 다니지는 않았지만 어떤 교회의 신자들에게도 환영받았다. 로자 파크스는 계급들 사이의 다리 역할을 했다.

로자 파크스가 자기 색이 강하지 않다는 사실은 목사와 교사들, 앨라배마 주립 대학 출신 여성들과 E. D. 닉슨을 아우르는 몽고메리 흑인 지도자들에게 중요했을 것이다. 그녀는 십대 소녀가 아니었다. 클로뎃처럼 나댄다거나 감정적이라는 소문도 없었다. 로자 파크스는 모두에게 침착하고 상냥하고 헌신적이고 분별력 있는 사람으로 인정받았다. 그녀는 안전한 사람이었다.

그리고 로자 파크스는 임신 중이 아니었다. 클로뎃도 막 체포되어 사람들 입에 오르내릴 때는 그랬다. 그러나 이제는 아이를 가졌고, 이 난관을 잘 헤쳐 나가야 했다.

클로뎃 : 처음 몇 달 동안은 사실이 아니기를 바랐고, 그러길 기도했고, 그런 척했어요. 하지만 그건 흔들림 없는 사실이었어요. 나는 섹스에 대해 아는 게 너무 없었어요. 성적으로 적극적인 아이가 아니었거든요. 남자 친구와 그렇게 깊은 관계를 맺어 본 적도 없고, 부모님도 나한테 섹스에 대해 절대 이야기하지 않았어요. "처음 했을 때 임신 안 됐어. 두 번째도."라고 다른 여자애들이 말하는 걸 들은 적은 있어요. 그 아저씨와 딱 한 번 한 거예요. 우리가 했던 행동 때문에 임신이 될 수 있다는 것도 까맣게 몰랐어요. 너무 무지했죠.

하지만 나는 덜컥 임신을 했어요. 사실대로 이야기하면 엄마가 심장 마비를 일으킬 거라는 생각이 들었어요. 낙태 수술도 생각했지만, 그건 불법이었어요. 낙태 수술을 해 주는 여자 이야기를 들었는데, 그 여자가 경찰서와 연결되어 있다는 소문도 돌았어요. 게다가 엄마는 하나님이 낙태를 용서하지 않을 거라고 굳게 믿었어요. 아빠는 아저씨를 죽이겠다고 을러댔어요. 아저씨가 나보다 나이가 훨씬 많았으니까요. 그러다가 아빠는 아저씨 부인네 가족이 나를 가정 파괴범으로 고소하고 우리 집에 들이닥칠까 봐 걱정하기 시작했어요. 부모님은 나한테 애 아빠가 누군지 아무한테도 말하지 말라고 신신당부했어요. 나는 이해받고 싶었어요. 사람들에게 무슨 일이 벌어졌는지 설명해 주고 싶었어요. 하지만 포기하고 입을 다물었어요.

그때는 엄마가 나를 좌지우지했어요. 나는 평소에 고집 센 아이였지만 그때는 나를 통제하는 게 쉬웠죠. 물론 나는 아저씨와 결혼하지 않았어요. 그 사람을 사랑하지 않았고, 이미 결혼도 한 사람이었으니까요. 남자 친구인 프레드 하비가 우리 집으로 와서 나하고 결혼하겠다고 했어요. 하지만 엄마는 프레드가 동정심에 결혼을 하려고 한다고 말했어요. 나는 결혼하겠다고 말하고 싶었지만 그러지 못했어요.

우리 가족은 내가 임신했다는 걸 철저히 비밀에 부치기로 했어요. 그래야 퇴학을 피할 수 있으니까요. 부커 T. 워싱턴 고등학교 교칙에는 '임신을 한 학생은 퇴학 조치한다.'는 항목이 있었어요. 겨울 방학이 시작되면 학교에 아프다고 말하고 버밍햄으로 가서 친엄마와 지내며 아기를 낳을 생각이었어요. 그러고 나서 아기를 친엄마한테 잠시 맡기고 몽고메리로 돌아와 고등학교를 마치는 거죠. 그때 한 학기밖에 안 남았었거든요.

하지만 임신한 티가 너무 일찍 나기 시작했어요. 늦가을에 여자애 서너 명이 눈치를 챘어요. 그 애들이 "네가 그럴 줄 몰랐어."라고 말하는데도 아무 대답도 할 수 없었어요. 선생님들은 늘 임신한 여자애를 알아보는 눈이 있었어요. 여자애들이 임신하는 일이 흔했으니까요. 선생님들은 임신한 징후를 알았어요. 어느 날엔가는 교장실로 불려 갔어요. 스마일리 교장 선생님이 부르신 거죠.

"왜 여기로 부르셨는지 알아요. 귀찮게 말씀하시지 않아도 돼요."

하지만 교장 선생님은 내 말에는 아랑곳하지 않고 나를 부른 이유를 설명하고, 몇 마디 덧붙이기까지 했어요.

"겨울 방학이 끝나면 학교에 오지 마라."

우리는 작전을 바꾸기로 했어요. 새로운 계획은 버밍햄에서 아기를 낳고 그곳에서 고등학교를 마치는 거였어요. 나는 공식적으로 출생증명서의 성을 콜빈으로 바꾼 적이 없어요. 여전히 내 이름은 클로뎃 오스틴이었어요. 그 덕에 나는 버밍햄에서 클로뎃 오스틴으로 고등학교 등록을 하고 졸업장을 딸 수도 있었어요.

크리스마스를 몇 주 앞둔 어느 날, 앞으로 찾아올 모든 변화에 대해 마음의 준비를 하면서 집에 있었어요. 변화라는 건 몸이 달라지고, 엄마가 되고, 부커 T. 고등학교에 가지 않고, 몽고메리의 가족을 떠나는 것이었죠. 그때 이웃집 여자애가 길 맞은편에서 건너오더니 종이 한 장을 건네주며 말했어요.

"이것 좀 읽어 봐."

그 여자애와 엄마, 나, 우리 세 사람은 앞뜰에 서서 종이에 적힌 걸 읽었어요. 그건 보이콧 전단지였어요.

"월요일에는 버스를 타지 말 것을 부탁드립니다."

곧 나는 '클로뎃 콜베르'라고 잘못 쓴 내 이름을 발견했어요.

내게 전화 연락만 했어도 틀리게 적지는 않았을 거라는 생각이 가장 먼저 들었어요.

하지만 체포된 흑인 여자가 누구인지에 대한 설명은 없었어요. 뉴스를 듣고 로자 파크스라는 걸 알았을 때 마음이 복잡했어요. 마침내 어른이 버스 정책에 맞섰다는 게 기뻤지만 한편으로 무시당한 느낌이었죠.

이봐요. 나도 몇 달 전에 그 일을 했는데 모두 나를 버렸다고요. 내가 버스 사건의 중심에 있다고 생각한 순간이 있었어요. 나는 법정에서 시시비비를 가리기를 간절히 원했어요. 내 사건을 상소하기를 바랐던 거죠. 나는 법정에서 계속 싸울 자신이 있었어요. 그런데 어른들은 십대 여자애의 증언이 법률 제도 안에서 효과가 없을 거라고 생각했나 봐요. 나는 어른들이 등을 돌렸다는 건 분명히 알고 있었어요. 특히 내가 임신을 한 뒤에 말이죠. 말로 표현할 수 없을 만큼 마음이 아팠어요. 하지만 NAACP 모임에서 로자 아줌마를 만나며, 로자 아줌마야말로 적임자라고 생각했어요. 로자 아줌마는 강한 사람이었고, 어쨌든 어른들은 내 말에 귀를 기울이지 않았으니까요. 한 가지 사실은 확실했어요. 내가 어떻게 느끼고 뭘 생각하든, 나한테는 더 이상 기회가 오지 않을 거라는 사실요.

12월 5일 월요일, 아침 일찍 일어난 마틴 루터 킹은 통유리창으로 달려가 집 앞을 지나는 첫 번째 버스를 자세히 쳐다보았다. 버스는 거의 텅 비어 있었다. 평소 같으면 가정부 일을 가는 흑인 여성들과 흑인 학생들로 만원이었을 버스였다. 마틴 루터 킹은 흥분해서 차를 타고 몽고메리를 돌아다니며 아침 통근 시간 다른 버스들의 상황을 살폈다. 한 시간 동안 다녔지만, 그가 본 흑인 승객은 통틀어 여덟 명뿐이었다. "월요일에는 버스를 타지 말 것을 부탁드립니다."라는 메시지가 거의 모든 사람들에게 전달된 게 틀림없었다.

같은 날 저녁 홀트 스트리트 침례교회에서 '대중 집회'가 열려 그날의 승리를 축하하고 앞으로의 계획을 세웠다. 저녁 7시까지 천 명에 가까운 사람들이 불을 환하게 밝힌 교회 안에서 어깨동무를 했다. 교회 밖에는 4천 명이 넘는 사람들이 차가운 어둠 속에서 임시 스피커를 통해 흘러나오는 노래와 연설, 기도에 귀를 기울였다.

주요 연설자는 MIA, 즉 보이콧 총괄 조직 몽고메리 진보연합의 회장으로 그날 아침에 갓 선출된 마틴 루터 킹이었다. 마틴 루터 킹에게 이 연설은 교회 설교를 제외하고 처음 하는 대중 연설이었는데, 그는 청중들을 고무해야 할 임무가 있었다. 사회자가 연설자를 소개할 때, 마틴 루터 킹은 설교대 양끝을 잡고 마음을 가라앉혔다. 그러고는 뒤쪽 귀빈석에 앉아 있는 로자 파크스를 향해 고개를 돌렸다가 연설을 시작했다.

"지난 목요일에 몽고메리에서 가장 훌륭한 시민 가운데 한 분이 버스에서 체포되어 감옥으로 끌려갔습니다. 그분이 포기하지 않았기 때문입니다. 백인 승객한테 자리를 양보하지 않았기 때문이지요. 어차피 일어나야 했을 일이므로 저는 그 일이 로자 파크스 여사 같은 분한테 일어난 게 기쁩니다. 그녀의 무한한 성실성을 의심할 사람은 아무도 없기 때문이죠. 그녀의 고귀한 성격에 대해 의심을 품을 사람은 없을 것입니다. 그녀가 보여 준 기독교적인 헌신의 깊이를 의심할 사람도 없을 것입니다."

마틴 루터 킹은 연설의 말미가 가까워지자 미리 외운 것 같은 구절을 말했다. "우리는 여기 몽고메리에서……" 목소리가 격해지면서 다음 구절이 이어졌다. "정의가 강물처럼 흐르고, 정의가 힘찬 흐름이 될 때까지 일하며 싸워 나갈 것입니다."

마틴 루터 킹의 열정적인 말이 교회를 뒤흔들었다.

"사랑 곁에 있는 건 언제나 정의입니다. 우리는 설득이라는 도구만 사용해서는 안 됩니다. 우리는 강제라는 도구도 사용해야 합니다."

마틴 루터 킹이 우레와 같은 박수를 받으며 자리에 앉을 때 교회 안팎에 있던 군중들은 행동으로 옮길 준비가 되어 있었다. 목사 랠프 애버내티는 설교대를 잡고 몽고메리 시티 라인즈 버스 회사에서 운행하는 버스를 타지 말자고 요청하는 결의문을 읽었다.

"제안에 찬성하는 분들은 일어나세요."

랠프 애버내티가 말했다. 교회 안에 있던 군중들이 자리에서 일어났다.

이것은 앞으로 펼쳐질 수많은 싸움의 첫걸음에 불과했다. 몽고메리 버스 보이콧은 이렇게 탄생했다.

마틴 루터 킹 목사는 열정적인 연설가였다. 클로뎃 콜빈에 따르면 마틴 루터 킹 목사의 연설은 "백인들한테 하고 싶은 이야기를 모두 속 시원히 해 주는 것"이었다.

마틴 루터 킹의 소년 시절 버스 경험

마틴 루터 킹은 소년 시절에 흑인이 버스를 이용하는 게 힘들다는 사실을 몸소 겪었다. 열네 살 때 마틴 루터 킹은 웅변대회에 참석하려고 애틀랜타 주에서 조지아 주까지 간 적이 있었다. 집으로 돌아오는 길에 백인 버스 운전사가 마틴 루터 킹과 그의 선생님더러 자리에서 일어나라고 지시했다. 백인 승객에게 자리를 양보하라는 것이었다. 처음에 마틴 루터 킹은 지시를 거부했지만 선생님이 설득하자 자리를 양보했다. 마틴 루터 킹은 몇 시간을 서서 가야만 했다. 20년이 지난 후, 마틴 루터 킹은 그때의 사건을 "내 인생에서 화가 가장 많이 났던 일"이라고 했다.

클로뎃 : 엄마와 벨마 언니는 대중 집회에 갔지만 나는 집에 있었어요. 온갖 생각들로 머리가 복잡했어요. 나는 우울했고, 임신을 했고, 퇴학을 당했고, 이제 집을 떠날 거예요. NAACP 문서는 이미 로자 아줌마네 집에 돌려줬어요. 할머니한테 전해 줬죠.

크리스마스 직전에 엄마가 벨마 언니와 나를 버밍햄으로 데려갔어요. 우리는 친엄마네 가족과 크리스마스를 보내고 친구들 집에도 놀러 갔어요. 그러고 나서 엄마와 벨마 언니가 몽고메리로 돌아가고, 나 혼자 남았어요.

그즈음은 나한테 중요한 시간이었어요. 우리 엄마 아빠는 아주 엄했는데, 특히 엄마가 더 그랬어요. 엄마는 나 대신 모든 결정을 내리려고 했어요. 버밍햄에서 지내며 엄마한테서 떨어져 있으니 머리가 맑아졌어요. 몽고메리로 돌아가면 뭘 해야 할지 많이 생각했어요.

시위가 오래 계속되었어요. 흑인들은 인종 분리법을 더 이상 받아들이지 않을 거예요. 평생 동안 일상적으로 학대를 겪어 왔으니까요. 그것도 매일매일 말이에요. 심지어 공원을 걸어서 지나려면 경찰관이 있는지 목을 빼고 두리번거려야 했어요. 버스 보이콧은 마침내 사회에 대한 분노를 표현한 거예요.

나는 생각했어요. 우리는 어디로 가는 걸까? 교회는 마틴 루터 킹 목사님이 결국 몽고메리에서 쫓겨나거나 살해될 거라는 이야기로 술렁였어요. 어른들이 그렇게 말했죠. 백인들은 양보하는 법이 없으니까요. 사람들은 보이콧이 성공을 거두지 못할 거라고 말했어요. 하지만 나는 버스 보이콧이 시작되어 기뻤어요. 많은 흑인들이 그저 매일 싸워 나갔어요.

우리는 싸움을 벌여야만 했어요. 제러마이어 리브스 사건, 백인 남자들한 테 학대받은 흑인 여성들과 관련된 끔찍한 이야기, 그리고 내 체포 사건 까지 불의가 판을 쳤어요. 나는 보이콧에 참여하고 싶었어요.

나는 내 인생에 대해 차근차근 따져 보면서 시간을 보냈어요. 몽고메리 를 떠날 무렵, 사람들은 내가 제정신이 아니고 미쳤다고 했어요. 하지만 나는 멀쩡했어요. 지난해 가장 끔찍했던 일은 임신 사실을 알게 된 일이 나 학교에서 쫓겨난 일이 아니었어요. 그건 감방 문을 잠그는 간수의 열 쇠 소리였어요. 체포된 일 말예요. 그리고 이제 이 모든 걸 헤쳐 나왔어요. 임신은 어떤 의미에서 내 인생을 가다듬고 다시 생각해 볼 기회였어요. 나는 젊고 건강한 여자고, 아기를 낳을 거고, 엄마 역할도 해 낼 거예요. 몽고메리에서 고등학교 졸업 학력 인증 시험을 봐서 졸업장을 딸 수도 있 어요.

나는 버밍햄에 딱 2주만 머물렀어요. 아빠가 보고 싶었어요. 아빠는 언 제나 내 편이었거든요. 나는 오랫동안 마음속에 정의를 품고 있었어요. 임신을 했다고 해서 내 사명이 바뀌는 건 아니에요. 나는 제러마이어 리 브스 사건 이후 늘 혁명을 이야기했어요. 지도자가 될 수는 없겠지만 버 스 보이콧에 참여하고 싶었어요. 버스 보이콧의 시작에 힘을 보태고 싶었 어요.

그래서 나는 집으로 돌아왔어요.

버스 보이콧을 지지하기 위해 홀트 스트리트 침례교회에 모인 몽고메리 시의 흑인들

우리는 우리의 입장을 고수할 것이다.
우리의 유산과 생활 양식을 파괴하면서까지
흑인들이 다시 버스를 타게 하려는
프로그램에 절대 참가하지 않을 것이다.

— W. A. 게일 (당시 몽고메리 시장)

8장

제2 전선, 두 번째 기회

1956년 새해가 밝자 몽고메리는 흥분으로 뒤덮였다. 기자와 사진 기자들이 매일 마을로 몰려와 미국 남부 한가운데서 벌어지는 흑인들의 버스 저항 운동을 취재했다. 보이콧이 두 달째로 접어들자 흑인 지도자들은 버스 이용 규정 가운데 조 앤 로빈슨을 비롯한 흑인들이 2년 전에 개선을 요구했던 세 가지 사항을 변경하라고 계속 압력을 가했다. 이 요구에는 통합 좌석제가 포함되지 않았지만 시 공무원들은 꼼짝도 하지 않았다.

"흑인들한테 1센티미터를 양보해 봐. 금방 1킬로미터를 차지하려 들걸."

시 공무원들은 자기들끼리 이렇게 말하곤 했다. 시티 라인즈 버스 회사는 흑인 지도자들이 제안한 요구 사항이 불법이라고 선언하고, 유감스럽게도 자기들은 어쩔 도리가 없다고 말했다.

매주 화요일과 목요일 밤에 흑인 교회에서 대중 집회가 열렸다. 젊고 얼굴이 동그란 마틴 루터 킹은 보이콧에 참가한 사람들을 향해 폭력을 자제하고 백인들에게 관용을 베풀라고 호소했다. 그는 다른 시대, 다른 나라의 사상과 철학을 망라하는 감동적인 연설을 해서 군중들을 고무했다. 마틴 루터 킹은 세상을 바꾸는 사랑의 힘에 관해 말했다.

"킹 목사의 목소리는 시적이었어요. 공기 중에서 성서의 한 구절을 낚아채 노래하듯 중얼거릴 줄 알았어요. 킹 목사는 나보다 훨씬 말솜씨가 좋았지요."

E. D. 닉슨이 마틴 루터 킹의 능력을 인정하며 말했다. 마틴 루터 킹은 카리스마가 넘치는 인물로 미국 전역에 알려지기 시작했다.

보이콧에 참여한 흑인들이 경제적인 압력을 평화적으로 행사하기로 결정하면서 텅 빈 버스가 녹색 유령처럼 덜컹거리며 다녔다. 흑인들은 길모퉁이에서 손님을 끌기 위해 문을 활짝 여는 버스에 눈길도 주지 않고 그들만의 교통 체계를 고안했다. MIA는 1953년 루이지애나 주 배턴 루지의 버스 보이콧을 이끌었던 지도자들의 도움을 받아 전시 군사 운송 체계 규모로 버스를 대신할 방법을 고안했다. 이 교통 체계를 통해 몽고메리에 사는 가정부, 잔디 깎는 사람, 점원, 학생들 수만 명이 매일 먼 곳까지 움직였다. 이런 교통 체계는 전적으로 자발적인 것이었고, 헌신과 아량, 그리고 희망이 있기에 제대로 작동할 수 있었다.

MIA의 카풀 네트워크는 1955년 12월 12일 대중 집회에서 구체적인 모습을 드러냈다. 픽업을 위한 아침 정류장 42개와 저녁 정류장 48개가 몽고메리 전역에 마련될 계획이었다. 몽고메리 지리를 가장 잘 아는 노동자인 집배원들이 지도에 정류장을 꼼꼼하게 표시했다. 흑인 소유의 시내 주차장을 중앙 배차지로 사용하고, 항시 대기 중인 운송 위원회가 배차를 담당했다. 평범한 사람들의 차로 구성된 거대한 카풀이 '버스'를 대신하게 될 것이다. MIA는 차 주인들에게 차를 빌려 달라고 부탁했다. 대부분의 사람들에게, 특히 가난한 사람들에게 차가 있다는 사실은 자랑스러운 사회적 지위를 상징했다. 그런 터라 생판 모르는 사람이 몰고 하루 종일 도시를 돌아다닐 테니 차를 빌려 달라고 부탁하는 것은 어려운 일이었다. 하지만 200명에 가까운 사람들이 보이콧에 차를 내놓았다.

카풀 이용 방법은 다음과 같았다. 백인 고용인의 집에 가기 위해 도시를 가로질러 가야 하는 가정부는 집에서 가장 가까운 '아침 정류장'으로 가서 차를 기다린다. 일을 마친 뒤에는 가장 가까운 '저녁 정류장'으로 가서 차를 타고 마찬가지로 집에서 가장 가까운 하차 지점에서 내린다. 자가용이 택시처럼 요금을 받는 건 불법이었으므로 대중 집회를 할 때 모인 기금을 카풀 네트워크에 전달했다. 차를 타는 건 대부분 무료였다.

카풀 네트워크는 깔끔하게 짜여 있었지만, 시 전체의 버스 체계를 대신하기에는 좌석 수가 부족했다. 흑인 노동자 수천 명이 동트기 전 어둑어둑할 때 집에서 출발해 매일 몇 킬로미터씩 걸어 다녔다. 수많은 노인과 몇몇 장애인들도 예외는 아니었다. MIA가 제공하는 카풀조차 거부하면서 걸어 다니는 것으로 보이콧 지지를 표현하는 사람들도 있었다. MIA의 한 운전사는 이런 이야기를 들려주었다. 그는 절뚝거리며 도로를 걸어가는 할머니를 보고 차 문을 열며 말했다.

"할머니, 어서 타세요."

하지만 할머니는 손사래를 치며 대꾸했다.

"나 때문에 걷는 게 아니야. 자식들과 손자 녀석들을 위해 걷는 거지."

집집마다 엄청난 희생을 치렀다. 절뚝거리며 집으로 걸어가느라 저녁을 먹을 기력이 남아 있지 않은 경우도 있었다. 그리고 장보기와 같은 집안일도 계속해야만 했다. 그건 더 많이 걸어야 한다는 뜻이었다. 흑인들은 버스를 타지 않고 걸어 다니느라 지쳤지만 대중 집회에서 경험담을 나누며 서로가 버스 보이콧에 적극적으로 참여하도록 격려했다.

처음에는 많은 사람들이 보이콧에 회의적이었다.

"버스를 타지 말라는 전단지를 처음 받았을 때 엄마가 걱정스러웠어요. 화가 나더라고요. 나는 그 사람들이 엄마한테 버스 보이콧과 관련해 어떤

것도 요구하지 않는 편이 좋을 거라고 말했어요. 엄마는 집에서 멀리 떨어진 곳에서 청소 일을 했기 때문에 버스를 계속 이용할 줄 알았거든요. 그런데 그 사람들은 평범한 흑인 시민들이 운전을 하고 승객을 태운다는 계획을 실행에 옮겼어요. 나도 이 일을 지지했어요. 학교에서 타이핑 수업을 듣는 여자애 세 명과 함께 침례교도 센터에서 일을 돕기 시작했어요. 버스 보이콧에 동참해서 운전을 하는 사람들의 명단을 타이핑하고 등사기로 인쇄했어요. 우리는 최신 정보를 알리기 위해 사흘마다 명단을 새로 만들어야 했어요. 정류장은 시내에 있었죠. 누가 이쪽 방향으로 가고, 누가 저쪽 방향으로 가는지 알 수가 없었어요. 나는 운전사들한테 전화를 걸어 보이콧에 계속 참여할 수 있는지, 지금 이용할 수 있는지 확인해야 했죠. 그리고 집집마다 발품을 팔아서 처리해야 할 일이 있게 마련이잖아요. 우리 집에서는 내가 시내까지 걸어가 요금을 납부했는데, 이 네트워크를 이용하면 걸어가지 않아도 됐어요."

알렌 바우저가 당시를 회상하며 말했다.

클로뎃 : 몽고메리로 돌아갈 때 당연히 버스를 타지 않았어요. 주로 아빠가 엄마한테 사 준 중고 플리머스를 타고 다녔어요. 엄마는 카풀이 닿지 않는 도시 외곽에서 일했기 때문에 자가용이 필요했어요.

아빠는 절약 정신이 투철한 분이었어요. 아빠가 돈을 충분히 모아 둔 덕에 텔레비전을 살 여유가 있었고, 텔레비전으로 보이콧에 관한 소식을 계속 들을 수 있었어요. 우리는 매일 저녁 뉴스를 봤어요. 보이콧은 연일 주요 뉴스였어요. 남부에서는 가장 중요한 화제였죠. 또 매달 얇은 소식지가 집으로 배달됐는데, 우리는 거기에 실린 조 앤 로빈슨의 사설도 읽었어요.

엄마가 가정부로 일하는 주인집 식구들은 보이콧에 호의적이었어요. 내가 체포된 걸 알고도 엄마를 해고하지 않았을 때 이미 알아봤어요. 주인집 식구들은 부자는 아니었어요. 그냥 평범한 사람들이었어요. 그들은 엄마한테 하루 일당 3달러와 버스 차비를 줬어요. 그 집 여주인은 엄마가 차를 가져가지 않은 날이면 일이 끝난 다음에 엄마를 집까지 바래다주기도 했어요.

킹 힐에 사는 사람들한테는 보이콧이 비교적 쉬웠어요. 우리는 이미 버스를 대신할 우리만의 교통 체계를 갖추고 있었죠. 우리는 고립되어 있었어요. 도시 변두리 언덕 꼭대기에 작은 길이 세 개 있을 뿐이었어요. 가게도 없어서 백인 거주 지역을 지나 시내에서 쇼핑을 해야 했어요. 킹 힐에서 차를 타고 내리려고, 출퇴근용 차를 운전해 주는 사람에게 약간의 돈을 내고 서너 사람이 함께 한 차에 타곤 했어요. 운전자들은 흑인 여자들을 가정부로 일하는 백인 집에 차례로 내려 주었어요. 백인 집들이 모두 같은 방향에 있었거든요.

보이콧 기간에 우리 가족은 할 일이 많아졌어요. 엄마는 차에 사람들을 태워 주느라 운전 횟수가 늘었어요. 엄마가 일을 끝내고 집으로 돌아오려면 차가 필요했기 때문에 우리 차를 보이콧 운동에 기증하지는 않았어요. 하지만 차가 있다 보니 동네 사람들이 자주 와서 이렇게 묻곤 했어요.

"메리 앤, 나와 몇 사람 더 태우고 여기랑 저기에 갈 수 있을까?"

보이콧 지지자들이 381일 동안 계속된 보이콧 운동 기간에 구입한 수십 대의 스테이션 왜건 가운데 한 대에서 내리고 있다.

아빠는 운전을 하지 않았고 나는 아직 운전 면허증이 없었어요. 그래서 엄마가 운전하는 동안 요리, 청소, 장보기, 빨래를 더 많이 하게 되었죠. 택시를 운전하는 사촌들이 몇 명 있어서 내가 필요할 때 시내까지 태워다 주곤 했어요. 많은 사람들이 이 기간에 보이콧을 위해 자기 차를 자진해서 내놓았어요. 그리고 휘발유를 사는 데 쓰라고 저금한 돈을 주기도 했어요. 사람들은 모두 보이콧을 위해 힘을 합쳤어요.

한번은 도시 반대쪽 교회에서 열리는 대중 집회에 간 적이 있어요. 사람들은 나를 알아보지 못했어요. 나는 적어도 한 달에 한 번은 집회에 갔어요. 마틴 루터 킹 목사님의 연설을 듣는데, 사람들이 목사님 주위로 몰려들더군요. 목사님의 연설은 사람들이 백인들한테 하고 싶은 이야기를 모두 속 시원히 해 주었어요. 매일 풀이 죽어 있어 다른 사람들이 우습게 여기는 사람이라도 마틴 루터 킹 목사님의 설교를 듣고 있으면 강해지는 느낌이 들 거예요. 나는 강연자들한테서 멀찌감치 떨어진 뒷자리에 앉았는데, 점점 불어나는 배를 가리려고 헐렁한 셔츠를 입었어요. 흑인 지도자들은 대중 집회가 열리는 동안 임신한 여자애를 연단으로 초대하지 않을 게 뻔했죠. 소외당했다는 기분이 들어 괴로웠어요. 하지만 나는 결혼도 하지 않은 채 임신한 여자애였고, 사람들이 그런 나를 어떻게 생각할지 잘 알고 있었어요. 나를 알아본 사람들이 묻곤 했어요.

"애 아빠는 누구니?"

그러면 나는 대답했어요.

"신경 *끄세요*."

|

　1월 말까지 시티 라인즈 버스 회사의 손실액은 하루 3,200달러에 달했다. 버스 회사는 사업을 유지하기 위해 어쩔 수 없이 운전사를 강제 해고하고, 일부 버스 노선을 폐쇄했다. 대중 집회에서 엄청나게 먼 거리를 걸어 다닌 노인들과 휘발유 구입비를 기부한 가난한 가정의 증언이 이어지면서 보이콧 참가자들은 한껏 고무되었고, 정의가 승리할 때까지 계속 걸어 다닐 것을 맹세했다. 많은 차 주인들이 카풀 네트워크에 차량을 제공

하고, 자진해서 운전사로 일했다. 수천 명이 매일 카풀을 이용했고, 수천 명이 일터와 학교, 시내 상점에 걸어 다녔다.

몽고메리 시장 W. A. 게일은 배수진을 치고 강하게 밀어붙였다. 경찰관들한테 운전사를 검문하라고 지시했다. 경찰관들은 틈만 나면 카풀 차량을 세워 검문을 했다. 1월 26일, 마틴 루터 킹은 시속 40킬로미터 구간에서 시속 50킬로미터로 운전했다고 체포되었다. 그는 태어나서 처음으로 감옥에서 하룻밤을 보냈다. 사흘 뒤, 누군가 마틴 루터 킹의 집 현관 창문에 폭탄을 던져 큰 피해가 발생했지만 가족 가운데 부상을 입은 사람은 없었다. 마틴 루터 킹은 대중 집회에서 이렇게 말했다.

"내가 그만둔다고 해도 버스 보이콧 운동은 멈추지 않을 것입니다. 하나님이 이 운동과 함께하시기 때문입니다."

공격은 계속되었다. 2월 초에는 누군가 다이너마이트를 E. D. 닉슨의 집 앞마당에 던졌다. 그 무렵 커다란 돌멩이가 조 앤 로빈슨의 집에 날아와 통유리창이 산산조각 나는 일도 있었는데, 이웃 주민들의 말로는 경찰관이 던진 돌이라고 했다. 며칠 뒤 경찰복을 입은 남자 두 명이 로빈슨의 집 옆에 있는 차고로 걸어가 크라이슬러 세단에 염산을 뿌렸다. 이웃 주민들의 말에 따르면 그들은 염산을 다 뿌린 뒤 유유히 걸어가 순찰차를 몰고 떠났다고 했다. 로빈슨의 승용차 곳곳에 은화 크기의 구멍이 뚫렸다. 이웃 주민들은 로빈슨에게 자기들이 목격한 걸 말했지만, 로빈슨은 너무 겁이 나서 범죄 사실을 쉬쉬했다.

보이콧 참가자들은 폭력이 난무하고 협상이 진전되지 않자 보이콧이

클로뎃의 아버지 Q. P. 콜빈은 보이콧 기간에 가족을 위해 자동차를 구입했다.

어떻게 마무리될지 궁금해하며 서로에게 물었다. 모두 운동이 성공하기를 바라고 기도했지만, 많은 이들이 속으로는 의심을 품고 있었다. 백인들이 지배를 포기한다는 건 상상하기 힘든 일이었다.

프레드 그레이는 출구를 발견했다. 그것은 클로뎃의 체포 소식을 들은 날부터 상상해 온 방법이었다. 미국 연방 대법원의 브라운 대 토피카 교육 위원회 소송 사건 판결처럼 흑인과 백인이 분리된 학교가 위헌이라면, 흑인 좌석과 백인 좌석이 따로 있는 버스도 위헌이라고 몽고메리 시와 앨라배마 주를 법원에 고소하면 안 될 이유라도 있을까? 좌석 제도의 온건

한 개선과 버스 운전사의 정중한 행동을 점잖게 요구하기보다 법정에서 인종 분리법을 폐지하기 위한 노력을 기울여야 하지 않을까? 판사들이 인종 분리법을 폐지해야 한다는 판결을 내린다면, 몽고메리 시도 포기할 것이다. 흑인 승객들이 차별받지 않고 버스를 이용하게 된다면 버스 보이콧을 할 필요도 없을 것이다.

보이콧에 깊이 관여했던 뉴욕 주의 NAACP 변호사들과 마찬가지로 프레드 그레이도 피고 측 변호사로 활동하는 일에 진력이 났다. 그레이는 체포되어 범죄자로 기소된 흑인들을 한 명씩 변호하는 데 그치지 않고, 모든 흑인 승객들을 위해 집단 소송 형태로 법 자체를 문제 삼고 싶었다. 성공의 열쇠는 적합한 법정에서 적합한 판사에게 적합한 사건을 제시하는 것이었다.

보이콧을 지지한 백인들

몽고메리에 사는 백인이 모두 보이콧에 반대한 것도 아니었고, 모두 인종 분리 정책에 찬성한 것도 아니었다. 소수이긴 하지만 단호한 백인 시민들은 카풀을 지원하고, 자기들이 고용하고 있는 흑인 직원들을 차로 출퇴근시키고, 보이콧 운동에 돈을 기부하기도 했다. 그중 가장 유명한 사람이 트리니티 루터 교회의 목사인 로버트 그라츠와 소송에서 프레드 그레이를 도와준 변호사 클리포드 더르였다. 그리고 클리포드 더르의 아내인 버지니아 더르도 다양한 방식으로 보이콧을 지원했다.

보이콧을 지지한다고 대담하고 공공연하게 표현한 백인들도 있었다. 도서관 사서 줄리엣 모건은 『몽고메리 애드버타이저』 신문의 편집자에게 다음과 같은 편지를 썼다.

"흑인들이 버스 보이콧을 실천하며 보여 준 침착한 품위, 자제력, 헌신에 감탄하지 않을 수 없습니다."

즉시 줄리엣 모건을 죽이겠다는 협박이 전화와 편지로 날아들었다. 협박은 시간이 갈수록 점점 심해졌다. 사람들은 모건의 집 통유리창에 돌을 던지고, 한밤중에 초인종을 누르고 도망가는 짓을 반복했다. 모건은 잠을 잘 수 없었다. 많은 친구들이 곁을 떠났다. 줄리엣 모건은 편지가 신문에 실린 지 1년 만에 자살로 생을 마쳤다.

앨라배마 주와 몽고메리 시를 대표하는 판사들은 적대적이라는 것이 거의 확실했다. 변호사들은 사건을 연방 법원에서 논의하는 게 유일한 기회라는 걸 알고 있었다. 연방 법원이라면 흑인 변호사들이 신청한 인종 분리 반대 소송에 편견 없이 귀 기울일 것이다.

주 법률의 합헌성에 대해 이의를 제기하는 소송은 연방 법원에 소속된 판사 세 명이 심리하기로 되어 있었다. 이것이 규정이었다. 앨라배마 주를 기반으로 한 연방 판사들이 실제로 이런 규정을 따라 소송 사건을 심리할지가 관건이었다. 그렇게만 된다면 소송 사건은 앨라배마 주에서 심리가 열려 판결이 내려질 것이다. 하지만 판사들은 앨라배마 주나 몽고메리 시가 아니라 미국 정부를 대표할 것이다.

MIA는 프레드 그레이에게 '제2 전선'이라고 부르게 되는 소송 사건을 진행하도록 결정하고 소송 비용을 마련했다. 그레이는 뉴욕으로 가서 NAACP 변호사들과 함께 법률적인 전략을 신속히 논의했다. 그리고 나서 몽고메리로 돌아와 연방 법원에 소송을 제기했다. 소송은 다행히 주 법률의 합헌성에 대한 이의 신청으로 인정되어 판사 세 명으로 구성된 연방 심사위원단에 배당되었다.

그다음으로 그레이는 원고들을 찾기 시작했다. 원고들은 소송에 이름이 거론되고 법정에서 증언을 할 것이다. 그레이의 아이디어는 버스를 타고 이동을 하려고 했을 뿐인데 짐 크로 법 때문에 비참한 경험을 했던 흑인 승객들을 증인석에 세운다는 것이었다.

이를 위해서는 무엇보다 용기가 필요했다. 원고들과 그들의 가족이 중

대한 위험에 처할 수도 있는 일이었다. 원고들은 사람이 꽉 찬 법정에서 작은 증인석 의자에 앉아 백인 판사들이 지켜보는 가운데 호전적인 백인 변호사들이 퍼붓는 질문에 맞닥뜨려야 했다. 프레드 그레이는 흑인들이 살면서 백인한테 양보하라고 배웠다는 걸 잘 알고 있었다. 어쨌든 원고들은 무거운 공기가 짓누르는 증인석에서 자유롭게 이야기할 용기와 명쾌하게 사고할 평정심이 필요했다. 그리고 법정에서 증언할 적절한 경험담이 있어야 했다.

변호사들은 로자 파크스를 원고 후보에서 제외했다. 로자 파크스 사건은 아직 상소가 진행 중이고, 변호사들은 기존의 형사 소송과 무관한 새로운 연방 소송을 원했다. 게다가 로자 파크스는 인종 분리법을 위반한 게 아니라 소란 행위 때문에 체포되었다. MIA 회원들은 많은 후보들을 추천했고, 그레이는 가장 유망한 후보들과 면담을 했다. 그레이는 결국 후보자를 다섯 명으로 압축했다. 후보자는 모두 여성이었다. 남성보다 여성들이 버스를 많이 타기 때문이기도 했지만, 그레이와 동료들이 대개는 한 가족의 가장일 남성들의 일자리를 지켜 주고 싶어 해서이기도 했다. 그레이가 뽑은 다섯 명의 여성들은 버스에서 괴롭힘이나 모욕을 당한 적이 있고, 아직도 그 일에 화가 나 있었다. 몇 명 되지 않는 짧은 명단이었지만, 그레이는 이것으로 충분하다고 생각했다.

얄궂게도 후보 다섯 명 가운데 버스 사건으로 이전에 법정에 출두했던 유일한 사람은 나이가 가장 어렸다. 하지만 그 후보는 가장 힘든 경험을 했다. 그것은 정말 힘든 경험이었다. 프레드 그레이는 소송을 떠올린 순

Coca-Cola
Coca-Cola
UPPARK'S PARKING LOT
UPPARK'S PARKING LOT
PARKING
PUBLIC
TRANSFER

간부터 클로뎃 콜빈을 후보자 명단에 넣었다. 그레이는 전화 수화기를 들고 킹 힐의 눈에 익은 전화번호를 돌렸다.

클로뎃 : 1월에 프레드 그레이 변호사님이 집으로 전화했을 때, 우리 가족은 모두 놀랐어요. 보이콧이 시작된 지 거의 두 달이 다 되었지만, 흑인 지도자들한테서 연락을 받은 적이 없었거든요. 로자 아줌마도 마찬가지였어요. 나는 그때 임신 7개월이었죠. 하지만 우리 가족은 그레이 변호사님한테 집으로 오라고 했어요.

어느 날 저녁, 그레이 변호사님이 비서인 버니스 씨와 함께 우리 집에 왔어요. 우리는 1년 전 내가 체포됐을 때처럼 거실 커피 테이블에 둘러앉았어요. 변호사님은 여전히 검은 양복을 입었고, 변호사처럼 말했어요. 버니스 씨는 그때처럼 받아 적기만 했죠. 달라진 거라곤 내 볼록한 배밖에 없었어요. 변호사님은 소송에 대해 설명하고, 내가 참여했을 때 벌어질 수 있는 일에 대해 의견을 들려주었어요. 나는 아직 미성년자여서 변호사님은 우리 부모님한테 허락을 구했어요. 부모님은 그래도 괜찮다고 대답했어요.

그러고 나서 변호사님은 나한테 물었어요. 나는 피아노 의자에 앉아 있었죠. 내가 말할 때마다 버니스 씨의 손가락이 움직였어요. 변호사님은 소송에 다른 사람이 참여할 거라는 말은 하지 않았어요. 나는 법정에 혼자 출두하게 될 거라고 생각했어요. 변호사님의 이야기를 들으며 두 가지 마음이 들었어요. 하나는 두려움이었어요. 남부의 생활상을 생각해 본다면 두려워할 수밖에 없었어요. 당신은 KKK단이 누구인지 모를 거예요. 누가 당신을 공격 목표로 삼는지도 모를 거고요. 나는 매일 잔뜩 흥분한 백인이 라디오 방송에 전화를 걸어 공산주의자들이 흑인 교회에 침입했으니까 당장 행동에 나서야 한다고 떠드는 걸 들었어요.

하지만 나는 두려움에 벌벌 떠는 사람이 아니에요. 엄마는 늘 "하나님이 함께하신다면 악마가 어떤 해도 끼치지 못할 거야."라고 말하곤 했어요. 나도 그렇게 생각했어요. 우리 가족은 그런 식으로 살아왔어요. 그리고 그들이 정말 필요한 사람이 있다면 바로 나라는 생각이 들었어요. 내가 분명하게 목소리를 낼 수 있는 기회였어요. 나는 여전히 화가 나 있었거든요. 백인들한테 인종 분리에 동의할 수 없다는 걸 알려 주고 싶었어요. 흑인들한테도요. 아기를 낳기 전에는 재판이 열릴 것 같지 않았어요. 해야 할 일이라면 해야만 해요. 그래서 나는 증언을 하겠다고 말했어요.

|

"가족 모두에게 낱낱이 이야기했습니다. 누구도 의구심을 표출하는 사람은 없었어요. 망설이는 사람이 있었다면 원고로 채택하지 않았을 거예요. 원고들한테 어떤 일이 벌어질지 이야기하고, 어떤 일을 당할 수 있을지 말했어요. 전화가 걸려 올 수도 있고, 협박을 받을 수도 있을 거라고 했죠. 나는 클로뎃네 가족을 좋아했어요. 건강한 자존감을 가진 사람들이었으니까요. 그들은 보복이 있다고 해도 뜻을 굽히지 않았을 거예요. 그 소송의 원고가 되려면 큰 용기가 필요했어요. 쉬운 일이 아니었죠. 그리고

클로뎃이 다니는 허친슨 스트리트 침례교회 목사인 H. H. 존슨이 대중 집회에서 연설하고 있다. 마틴 루터 킹이 왼쪽에 앉아 있고, E. D. 닉슨이 오른쪽에 서 있다.

클로뎃은 가장 나이가 어린 원고였어요."

프레드 그레이가 당시를 회상하며 말했다.

클 로 뎃 : 변호사님 일행이 떠난 뒤 엄마가 존슨 목사님한테 전화를 걸어 변호사님이 부탁한 내용을 모두 말했어요. 그러자 목사님이 우리 집에 왔어요. 이웃 사람들 가운데 벌써 나하고 말하는 걸 두려워하는 사람들이 생겼어요. 보이콧에 참여하는 흑인들의 일자리를 빼앗겠다고 백인시민위원회(WCC)도 만들어졌어요. 내가 인종 분리를 끝장내야 한다고 거리낌 없이 말하다 보니 사람들이 나를 가까이하지 않으려는 것 같았어요.

하지만 존슨 목사님은 정말 나를 잘 이해하고, 보살피고, 내 편이 되어 줬어요. 목사님은 법정에서 사정없이 몰아붙일 백인들을 내가 버틸 수 있을지 걱정했어요. 존슨 목사님은 테러가 실제로 존재한다는 걸 알았거든요. 어떤 위험이 기다리고 있을지 알고 있었어요. 목사님이 우리 집에서 내 손을 살며시 잡고 말했어요.

"클로뎃, 정말로 그 일을 하고 싶니?"

나는 망설이지 않고 다시 한 번 대답했어요.

"예, 목사님. 하고 싶어요."

1956년 3월 29일 몽고메리에서 아기가 태어났어요. 외삼촌 이름을 따서 레이먼드라고 이름을 지었어요. 벨마 언니가 병원에서 내 곁을 지켰어요. 레이먼드는 피부가 흰 편이고, 머리카락은 금색이고, 눈동자는 파란색이었어요. 병원에서 간호사들이 아기를 데려와 아빠 이름이 뭐냐고 계속 물었어요. 나는 아빠 이름을 말하지 않았어요. 간호사들은 애 아빠가 흑인이라는 걸 믿지 않았어요. 그들은 나를 비난했어요. 나는 간호사들이 애와 나에 대해 터무니없는 이야기를 하는 게 듣기 싫어서 머리에 이불을 뒤집어썼어요. 나는 그런 말을 들을 필요가 없었어요. 나는 처음 봤을 때부터 레이먼드를 사랑했어요.

레이먼드를 낳고 나서 보이콧 소송을 준비할 시간은 겨우 6주 정도였어요. 멋진 원피스가 어울리게 살을 빼고 싶었죠. 마음의 준비도 하고 싶었고요. 법정에서 하고 싶은 말을 연습했고, 기도도 드렸어요. 우리 엄마가 늘 하던 말이 있잖아요?

"백인한테 말할 때 눈을 내리깔지 않으면 정말 대단한 일을 하는 거야."

나는 엄마 말대로 할 거라고 몇 번이고 다짐했어요.

네스빗 선생님은 이렇게 말했어요.

"클로뎃, 너는 늘 셰익스피어 연극을 하고 싶어 했지. 자, 여기가 네 무대야."

선생님 말이 맞았어요. 나는 중학교를 졸업한 이후로 불의에 대해 목소리를 높였어요.

밤이면 침대에 누워 법정에서 할 말을 연습했어요. 레이먼드는 내 옆 작은 요람에서 자고 있었죠. 거실에는 레이먼드와 나뿐이었어요. 레이먼드는 숨을 쌔근거리거나 칭얼거리거나 젖병을 잡아당기기도 했어요. 나는 법정에서 할 말을 생각했죠. 해리엇 터브먼의 용기를 떠올리기도 했어요. 법정에 섰을 때 나도 터브먼처럼 용기 있는 사람이 되게 해 달라고 기도했어요.

로마 제국 시대의 기독교인이 되어 사자 밥이 되기 전에 원로원 의원들 앞에서 연설하는 상상을 하기도 했어요. 이런 말이 더 정확할 거예요. 상상 속에서 법정은 콜로세움처럼 보였고, 나는 최후의 한마디를 하게 된 사람처럼 느껴졌어요. 무슨 일이 있어도 내게 주어진 기회를 최대한 활용하겠다고 마음먹었어요.

2부

대결

브라우더 대 게일 소송 사건은 미국과
전 세계에서 흑인과 백인의 관계를 변화시켰습니다.
하지만 그 소송 사건에 대해 아는 사람은 거의 없었고,
소송을 건 원고에 대해 아는 사람은 더 없었습니다.

— 윌리엄 디커슨와히드 (영화 제작자, 저널리스트)

보이콧과 연좌 농성, 거리 행진은 그 자체로
인종 차별이라는 질병을 치료하지 못했다.
그 질병의 치료제는 바로 법원의 판결이었다.

— 프랭크 M. 존슨 (판사)

Advertiser

1956년 2월 2일자 『몽고메리 애드버타이저』

우리의 모든 전략은
5월 11일 재판을 기초로 한다.

— 마틴 루터 킹

9장

브라우더 대 게일 소송 사건

1956년 5월 11일

클로뎃 : 여느 날과 다름없이 커피 향기를 맡으며 잠에서 깼어요. 엄마는 무슨 일이 있더라도 매일 아침마다 비스킷, 빻은 옥수수, 소시지, 베이컨, 달걀, 햄을 요리했어요. 나는 레이먼드한테 젖병을 물렸어요. 잠시 후 마마 스위티 할머니가 딸인 스크랩 아줌마를 데리고 왔어요. 아빠와 내가 법정에 가 있는 동안 레이먼드를 봐주기로 했거든요. 엄마는 일을 하러 가야 했어요. 할머니는 그때도 내 인생에서 큰 자리를 차지했어요. 할머니는 우리 가족이 파인 레벨에서 몽고메리로 이사하고 몇 년 뒤에 몽고메리로 왔어요. 할머니는 이제 일흔 살쯤 되어 주름살이 더 늘었지만, 여전히 친절하고 예뻤어요. 집에서 할머니 목소리를 들으니까 모든 일이 잘될

거라는 생각이 들었어요.

밖은 서늘했지만 비가 내리지는 않았어요. 비옷을 입지 않아도 되어 기뻤어요. 내가 가장 아끼는 원피스에 젖이 묻지 않도록 조심스럽게 레이먼드한테 젖을 줬어요. 나는 허리에 장식 띠가 있는 연푸른색 브이넥 원피스를 입고 있었어요. 거울에 비친 모습이 멋져 보였어요. 천천히 커피를 마시며 그날 벌어질 일을 생각했죠.

사촌 오빠 제임스 헨더슨이 우리를 법원까지 태워다 줬어요. 우리는 집에서 나서기 전에 모두에게 인사를 했고 엄마가 기도를 올렸어요. 나, 엄마, 아빠, 마마 스위티 할머니, 스크랩 아줌마, 제임스 오빠, 요람 속의 레이먼드가 식탁 주위에 모였어요. 엄마는 내가 용기를 내고, 프레드 그레이가 최선을 다하고, 이 끔찍한 제도를 깨뜨리게 해 달라고 기도했어요. 우리는 주기도문을 외운 뒤 집을 나섰어요.

법원에 도착했을 때 벌써 수많은 사람들이 밖에서 기다리고 있었어요. 남자들은 양복을 입고 챙이 있는 모자를 썼어요. 여자들은 가장 아끼는 외출복을 입고 있었어요. 인도에는 사진 기자들이 모여 있었죠. 나는 차에서 내려 프레드 그레이 변호사님을 찾았어요.

|

1956년 5월 11일은 아주 중요한 날이었기 때문에 사람들이 일찍부터 연방 법원 주변에 모여들었다. 몽고메리 버스 보이콧이 시작된 지 159일 되는 날이었지만 끝이 보이지 않았다. 소송은 버스 보이콧을 승리로 끝마

칠 희망이었다. 새벽부터 법원 계단에 와 있는 보이콧 참가자들도 있었다. 잡지 『제트』 기자에게 보이콧이 시작된 뒤 출퇴근을 하느라 540킬로미터를 걸어 다녔다고 자기를 소개한 흑인 노동자도 있었다. 하지만 그 흑인 노동자는 "그들이 뜨거운 감자를 들고 어쩔 줄 몰라 하는 동안 나는 계속 걸어 다닐 거예요."라고 말했다.

다리는 피곤하고 신경은 날카로웠다. 카풀을 계속하기 위해 돈을 모으는 게 어려워졌다. 흑인 지도자와 백인 당국자 간의 협상은 교착 상태에 빠졌고, 남부의 모든 생활은 위태로워졌다. 불과 몇 주 전에 게일 시장과 몽고메리 시 의회 전원은 백인 수천 명이 꽉 들어찬 체육관에서 갈채를 받으며 백인시민위원회에 가입하는 정치 쇼를 벌였다. 백인시민위원회는 몽고메리에서 인종 분리 정책을 유지하는 데 전력을 기울이는 유력한 정치인과 사업가들의 모임이었다.

인종 분리주의자들은 마틴 루터 킹에게 몽고메리 흑인들을 선동하러 애틀랜타에서 온 '말썽꾼'이니 '외부인'이라는 딱지를 붙였다. 그들은 마틴 루터 킹의 집에 폭탄을 던지고, 편지와 전화로 죽이겠다고 협박했다. 마틴 루터 킹은 겉으로 보기에 동요하지 않는 것처럼 보였다. 한 잡지 기사에 따르면 백인 하나가 한밤중에 전화를 걸어 "버스 보이콧을 조종하는 깜둥이"라고 협박하자 마틴 루터 킹의 부인이 "남편은 자고 있어요. 죽이겠다고 전화로 협박하는 사람이 있으면 이름과 전화번호를 적어 놓으라고 했어요. 아침에 일어나 정신이 맑을 때 전화를 걸어 협박을 받아들이겠대요."라고 침착하게 대답했다고 한다.

몽고메리의 백인 지도자들은 흑인들이 실제로는 버스를 타고 싶어 하지만 마틴 루터 킹이 감언이설로 부추겨 보이콧에 참가했다고 확신했다. 경찰관은 MIA의 차를 타려고 카풀 픽업 정류장에서 기다리는 보이콧 참가자들을 괴롭혔다. 경찰관은 어슬렁거리거나 차를 잡아타는 행위는 불법이니 체포하겠다고 협박하며 흑인들한테 흩어지라고 지시했다.

2월 21일, 대배심원들은 '정당성이나 법적인 이유가 없는' 보이콧을 금지한다는, 애매하기 짝이 없는 1921년 법률을 근거로 들어 100명의 흑인을 기소했다. 법률 위반 혐의로 이들을 공식 고소한 것이다. 기소된 흑인 가운데는 마틴 루터 킹과 다른 목사 스물세 명, 카풀 운전사 전원이 포함되어 있었다. 로자 파크스, 조 앤 로빈슨, E. D. 닉슨, 프레드 그레이도 함께 기소되었다. 클로뎃이 다니는 교회 목사인 H. H. 존슨도 기소되었지만

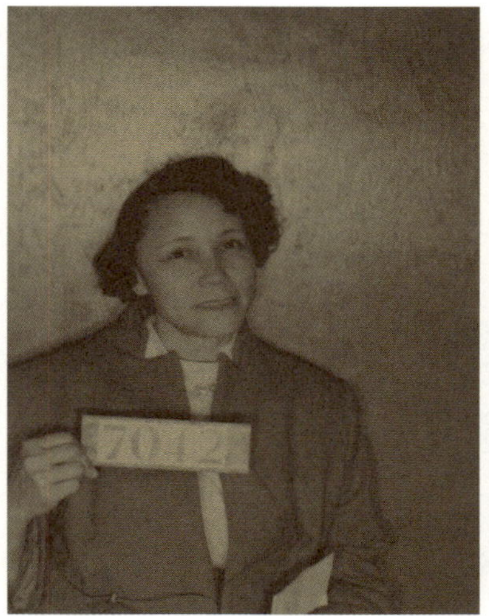

모반 혐의로 기소된 100명의 보이콧 지도자들. 프레드 그레이, 조 앤 로빈슨, 로자 파크스, 마틴 루터 킹, E. D. 닉슨을 포함한 100명 전원은 자신들이 모두 무죄라고 항변했다.

클로뎃은 기소자 명단에 빠져 있었다. 기소자들은 치안 담당관이 체포하러 올 때까지 기다리지 않았다. E. D. 닉슨은 제 발로 곧장 주 법원으로 가서 "나를 찾고 계시오? 여기 왔소."라고 말했다. E. D. 닉슨은 조서를 작성하고, 지문을 찍고, 사진을 촬영하고, 보석금을 낸 뒤 석방되었다. 그가 법원을 걸어 나올 때 얼굴에 함박웃음이 번졌다. E. D. 닉슨의 일이 발단이 되어 법원 앞에 보이콧 지도자들의 행렬이 이어졌다. 보이콧 지도자들은 한 사람씩 법원에 들어가서 몇 분 만에 천연덕스럽게 조서를 작성하고 지문을 찍은 뒤 구경꾼들의 환호를 받으며 법원 계단을 걸어 내려왔다. 체포된 사람들 가운데 한 명이었던 프레드 그레이는 체포되는 게 영광이었고 기소를 당하지 않은 사람들은 조금 모욕을 느낄 정도였다고 당시를 회고했다.

하지만 브라우더 대 게일 소송 사건이라는 '뜨거운 감자'는 흑인들이 보이콧을 확실한 승리로 끝낼 수 있는 최초이자 최고의 기회였다. '브라우더'는 원고인 오릴리아 브라우더의 이름을 딴 것인데, 다섯 명의 원고 가운데 알파벳 순서에 따라 브라우더의 이름이 맨 앞에 왔다. 그리고 '게일'은 몽고메리 시장 W. A. 게일을 가리킨다. 이 소송은 흑인 한 명이 백인 다수를 상대하는 소송이 아니라 그들 모두의 소송이었다. 이번에 흑인들은 그들이 살고 있는 나라의 규칙을 적어 놓은 헌법을 활용하여 정의를 손에 넣으려고 했다.

말끔하게 다림질한 정장과 외출복을 차려입은 흑인들은 동이 트자마자 먼 길을 마다하지 않고 한참을 걸어 연방 법원으로 왔다. 브라우더 대 게일 소송 사건은 그들에게 희망이었기 때문이다. E. D. 닉슨은 그날 아침, 법원 밖에 서서 이웃과 친구들이 재판을 보러 몰려오는 걸 바라보며 가슴이 뿌듯했다.

"그들의 얼굴에서 행복이 묻어나는 게 보였어요. 눈앞에 아주 특별한 무언가가 곧 펼쳐지리라는 사실을 이미 알고 있는 것처럼 말이에요. 연방 법원에 들어서면서 안심이 되었어요. 주 법원으로 갈 때하고는 아주 달랐죠. 연방 법원에서 보호받는다는 느낌마저 들었어요."

E. D. 닉슨이 당시를 회상하며 말했다.

프레드 그레이가 소송을 시작하기 위해 기소장을 제출하고 딱 100일째 되는 날이었다. 흑인들은 그동안 버스를 타지 않고 걷고 기도하며 힘든 시간을 보냈다. 하지만 1956년 5월 11일, 생기가 넘치는 봄날 아침 이곳에서 재판이 열렸다. 드디어 그들이 법정에 서는 날이었다.

법원 문이 열리고 방청객들은 검색대 뒤에 줄을 섰다. 방청객들은 엘리베이터를 타고 2층으로 올라갔는데, 흑인과 백인으로 나뉘어 서로 다른 엘리베이터를 탔다. 그들은 바닥이 마루로 되어 있고, 천장이 넓고 높은, 크고 어두운 법정으로 들어섰다. 높은 창문에 드리워진 연노랑 커튼을 묶어 놓은 덕에 햇빛이 법정 안으로 쏟아져 들어왔다. 푸른 카펫 위로 햇빛이 부드러운 스포트라이트처럼 내리비쳤다. 비어 있는 세 개의 판사석 뒤로, 로마자로 숫자가 표시된 크고 둥근 시계가 벽에 박혀 있었다. 벽시계 왼쪽으로 성조기가 있고, 마흔여덟 개의 별들이 푸른 바탕 위에서 찬란하게 빛나고 있었다. 맞은편에는 앨라배마 주의 깃발이 걸려 있었는데, 남부 연합기와 똑같은 형태로 하얀 바탕에 빨간 줄 두 개가 대각선으로 그려져 있었다.

대부분 흑인인 방청객들 100여 명이 1층 난간 뒤에 앉고, 나머지 100명 정도가 2층 발코니 계단에 앉았다. 언론은 공판을 취재하지 못하게 되어 있었다. 하지만 기자 수십 명이 법원 앞에서 장사진을 쳤다. 마틴 루터 킹과 조 앤 로빈슨도 다른 보이콧 지도자들과 함께 재판에 참석했다. 커다란 벽시계의 바늘이 9시에 가까워지자 기대에 들뜬 방청객들이 와글거렸다. 법정에는 권투 시합이 시작되기 전의 긴장감이 감돌았다.

프레드 그레이와 몇 명의 변호사, 클로뎃과 세 흑인 여성으로 구성된 원고단이 법정에 들어오자 수군거리던 방청객들이 입을 다물었다. 원고단은 중앙 통로 오른쪽에 있는 의자에 앉았다. 원고 다섯 명 가운데 자넷 리즈가 주인의 압력을 견디지 못하고 빠지는 바람에 원고는 모두 네 명이었다. 시 측 변호사와 주요 증인들은 왼쪽에 앉았다.

오전 9시 1분, 집행관이 법정으로 바삐 들어와 소리쳤다.

"일동 기립!"

그 뒤로 검은 법복을 걸친 백인 남자 세 명이 따라 들어왔다. 연방 판사인 리처드 리브스, 세이번 린, 프랭크 존슨이 왕좌처럼 생긴 의자에 나란히 앉아 윤이 나는 앞쪽 책상에 서류를 꺼내 놓았다. 방청객들은 다시 자리에 앉아 리브스가 낭독하는 원고의 고소 내용에 귀를 기울였다. 즉, 공공버스에서 인종을 분리하는 좌석 제도를 규정한 법률과 조례는 미국 헌법 수정 조항 제14조인 평등권 조항에 위배된다는 주장이었다. 리브스는 원고의 주장을 다 읽은 뒤, 프레드 그레이를 쳐다보며 말했다.

"첫 번째 증인을 부르세요."

그레이는 증인 입장 순서에 대해 신중하게 계획을 세웠다. 그레이는 신속하게 시작해서, 한결같은 속도를 유지하고, 감동적으로 마무리할 계획이었다. 그레이는 앨라배마 주립 대학을 졸업한 서른일곱 살의 오릴리아 브라우더부터 시작했다. 브라우더는 강인하고, 달변이고, 자신만만한 사람이었다. 또 흑인 사회의 문제를 해결하기 위해 왕성한 활동을 펼친 여성이기도 했다. 그녀는 남편과 사별한 뒤 재봉사로 여섯 아이를 키웠다. 브라우더는 다양한 삶을 경험했고, 좀처럼 협박에 굴복하는 법이 없었다.

브라우더는 증인석으로 가서 오른손을 들고 "오직 진실만을 말할 것을 맹세합니다."라고 말한 뒤 의자에 앉았다.

브라우더는 그레이의 질문에 1955년 12월 5일까지 "하루에 두세 번" 버스를 탔던, 몽고메리에 오래 거주한 시민이라고 자기를 소개했다. 그런데 브라우더는 왜 버스를 타지 않게 되었을까?

"보이콧에 참여해 흑인 동료들과 힘을 모으면 더 나은 대우를 받게 되리라는 걸 알았기 때문이죠."

브라우더가 대답했다.

"좌석 배치와 관련해서 어려움이 있었나요?"

그레이가 묻자 브라우더는 버스 운전사가 백인 승객을 앉히려고 자기더러 서서 가라고 한 적이 있다고 대답했다.

그레이가 물었다.

"원하는 자리에 어디든 앉을 수 있다면 버스를 다시 타시겠습니까?"

브라우더가 대답했다.

"예, 그럴 겁니다."

그레이는 브라우더에 대한 질문권을 시 측 변호사인 월터 크나베한테 넘겼다. 크나베는 브라우더에게 버스 보이콧에 참여한 흑인들이 마틴 루터 킹의 꼭두각시에 불과하다는 대답을 유도하려고 애썼다. 하지만 브라우더는 꿈쩍도 하지 않았다. 크나베는 변변찮은 질문을 몇 개 더 던진 뒤 돌아가도 좋다고 말했다. 브라우더는 자기 자리로 돌아갔다.

다음 증인은 일흔일곱 살 수지 맥도널드와 열아홉 살 메리 루이스 스미스였다. 두 사람은 비슷한 질문에 비슷한 증언을 했다.

남편을 잃고 아들과 함께 살고 있는 주부인 수지 맥도널드는 버스에서 "자주 부당한 대우를 받"았고 보이콧을 지지하려고 버스를 타지 않았다고 말했다.

맥도널드는 버스 좌석이 통합된다면 다시 버스를 탈 것이며, 마틴 루터 킹의 사주를 받고 보이콧에 참여한 건 아니라고 말했다.

"내 판단으로 결정한 거예요. 우리는 부당한 대우를 받아 왔어요. 옳다고 생각해서 버스를 타지 않은 거예요."

메리 루이스 스미스는 붉은 머리의 백인 여성에게 자리를 양보하지 않는다고 경찰관이 버스에 올라탄 이야기를 들려주었다.

"나는 경찰관한테 자리에서 일어나지 않겠다고 말했어요. 다른 사람들처럼 나도 그 자리에 앉을 권리가 있었죠. 시내버스에서 인종 분리가 사라진다면 다시 버스를 탈 거예요."

크나베는 마틴 루터 킹이 보이콧 참가 흑인들을 모두 세뇌한 거라고 말하며 메리 루이스를 함정에 빠뜨리려고 했다.

메리 루이스가 반박했다.

"킹 목사님은 누구도 대표하지 않아요. 우리 대표는 바로 우리 자신이에요. 우리가 킹 목사님을 우리 지도자로 임명한 거예요. 킹 목사님과 목사님을 보좌하는 사람들 말이에요."

메리 루이스는 질문권을 넘겨받은 그레이가 던진 질문 하나에 대답한 뒤 증인석에서 물러났다.

앞에 입장한 세 증인에게 던진 크나베의 질문을 통해 시의 작전은 분명해졌다. 핵심은 두 가지였다.

1. 증인들이 보이콧 이전에는 흑인 지역 사회가 흑인 승객과 백인 승객이 분리해서 앉는 버스 좌석 제도에 반대하지 않았다고 대답하도록 유도한다. 크나베는 이를 위한 사전 작업으로 흑인 지도자들이 흑인 운전사와 정중한 대우, 그리고 지금까지와는 다른 좌석 방침을 늘 요구했지만, 인종 분리 좌석 제도 자체를 문제 삼은 건 아니었다는 점을 부각했다. 그건 사실이었다. 하지만 흑인 지도자들은 2년 전 대법원이 흑인 학교와 백인 학교가 분리되어 있는 것이 위헌이라는 판결을 내리기 전까지만 해도 통합 좌석 제도를 꿈도 꾸지 못했다.
2. 킹 목사가 모든 문제를 야기했다는 걸 입증한다. 그들은 킹 목사를 언변 좋은 외부인으로 포장하려고 애썼다. 몽고메리 시내버스를 한 번도 타 본 적 없는 킹 목사가 사람들에게 불행하다는 생각을 부추겼다고 몰아세웠다. 시 측 변호사는 킹 목사가 없었다면 흑인들이 늘 이용하던 버스에 불만을 터뜨리지 않았을 것이라고 주장했다.

클로뎃은 증언할 차례가 가까워지자 배가 조이는 것 같은 통증과 싸워야 했다. 프레드 그레이는 일부러 클로뎃의 순서를 맨 마지막으로 미뤄 놓았는데, 클로뎃의 사례가 가장 강력하기 때문이었다. 클로뎃은 체포되고, 버스에서 끌려가고, 인종 분리법을 위반한 혐의로 기소되고, 투옥되기까지 했다. 그리고 혐의를 벗기 위해 법정에서 홀로 싸웠다. 클로뎃은 겨우 열여섯 살이었지만, 몽고메리 버스에서 짐 크로 법에 이의를 제기했다는 측면에서는 누구보다 경험이 많았다. 그날 클로뎃은 경찰관에게 손목을 잡힌 채 헌법상의 권리를 선언했다. 그저 버스 좌석 방침이 아니라 인종 분리 자체에 반대했던 것이다. 마틴 루터 킹과 한 번도 이야기를 나눠 보지 않았는데도 일찌감치 선구적인 태도를 취했던 것이다. 프레드 그레이와 다른 변호사들은 그녀를 믿었다. 메리 루이스 스미스가 증인석에서 걸어 내려와 자리로 돌아가면서 클로뎃을 슬쩍 쳐다보았다.

리브스 판사가 말했다.

"그레이 씨, 다음 증인을 부르세요."

프레드 그레이가 말했다.

"클로뎃 콜빈을 증인으로 채택합니다."

클로뎃이 오른손을 올려 선서를 했다. 프레드 그레이는 잠깐 동안 주의 깊게 질문을 살폈다. 클로뎃은 증인석에 서자 수백 개의 눈동자가 자기만 쳐다보는 것 같았다. 방청객들 가운데서 낯익은 얼굴을 찾아보았다. 연방법원에서 근무하는 이웃 잭 솔터가 보였다. 잭 솔터는 등 뒤로 클로뎃을 향해 엄지손가락을 치켜들어 응원의 뜻을 전했다. 클로뎃은 길 건너편에 사는 A. C. 제임스도 발견했다. 물론 언제나 클로뎃 편이고 무슨 일이 있어도 늘 곁에 있는 아빠 Q. P. 콜빈도 클로뎃을 보며 웃음 지었다.

프레드 그레이는 클로뎃에게 이름과 주소를 묻고, 언제부터 버스를 타지 않게 되었는지 말해 달라고 했다. 그런 다음, 1955년 3월 2일 버스에서 일어난 사건 이야기로 넘어갔다. 그때 일을 말하면서 클로뎃의 목소리는 나지막하면서도 침착해졌고 점점 힘이 붙었다. 방청객들이 클로뎃의 증언을 들으려고 몸을 앞으로 굽혔다. 사람들은 클로뎃의 이야기에 집중했다. 클로뎃은 경찰관이 불쑥 들이닥쳤을 때를 설명했다.

"저는 기분이 나빠서 울음을 터뜨렸어요. 그러자 경찰관이 버스에서 끌어 내리겠다고 했어요. 저는 꼼짝도 안 했어요. 이윽고 경찰관이 발로 다짜고짜 걷어찼어요."

클로뎃은 경찰 순찰차 안에 내팽개쳐지고 차창을 통해 수갑까지 채워져서 시청으로 끌려갔다가 성인 교도소 감방에 갇혔던 이야기를 했다. 바로 그때 법정 발코니에 앉은 방청객 한 명이 흐느끼더니 이내 곧 통곡하기 시작했다. 울음을 그칠 수 없었던 방청객은 결국 자리에서 일어나 천천히 법정을 빠져나갔다.

그레이는 잠시 멈추었다가 메모에서 고개를 든 뒤 클로뎃에게 말했다.

"고맙습니다. 제 질문은 여기까지입니다."

하지만 그게 끝이 아니었다. 힘든 순간은 이제부터였다. 클로뎃은 시 측 변호사인 월터 크나베를 빤히 쳐다보았다. 크나베는 연갈색 머리카락을 짧게 자른, 호리호리한 남자였다. 크나베는 연필로 책상을 똑똑 두드리며 마지막으로 메모지를 흘긋 보았다. 그러더니 클로뎃에게 다가가 시선을 고정했다. 판사 세 명이 바짝 귀를 기울였다.

크나베가 심문을 시작했다.

"12월 5일 이후로 너와 여러 흑인들이 생각을 바꿨어, 그렇지?"

클로뎃이 고개를 세차게 흔들었다.

"아니에요. 우리는 생각을 바꾸지 않았어요. 태어날 때부터 가슴속에 간직하고 있던 생각일 뿐이에요."

크나베는 질문을 계속했다.

"하지만 흑인들은 뭔가 때문에 버스를 타지 않게 되었잖아, 그렇지? 킹 목사가 얘기한 뭔가가 흑인들이 반대하는 거잖아."

"아니에요. 처음부터, 경찰관들이 나를 체포했을 때부터 그랬어요. 경 찰관들이 흑인 여자애를 얼마나 무례하게 대하는지 보았을 때부터요. 그 때부터 흑인들은 마음에 담아 두기 시작했어요. 우리들 대부분은 맞서 싸 울 용기가 없었지만 말이에요."

"지도자가 있었니?"

"지도자가 있었냐고요? 우리 지도자는 우리 자신이에요."

"하지만 흑인들을 대변하는 사람이 있을 거 아니야?"

"우리 모두가 스스로를 대변해요."

크나베는 자기에게 유리한 이야기를 들으려고 집요하게 유사한 질문을 반복했다.

"흑인들의 대표를 뽑았니?"

클로뎃은 잠시 눈길을 돌린 채 곰곰이 생각했다. 클로뎃은 다시 크나베 를 쳐다보며 천천히 말했다.

"물론 우리는 무지한 사람한테 우리를 이끌어 달라고 하지 않을 거예요. ……우리 얘기를 명확하게 표현할 영향력 있는 사람, ……법을 잘 알고 있는 사람이 있어야 했어요. 읽거나 쓸 줄조차 모르는 사람도 있는데 우리끼리 나선다는 건 당연히 말이 안 되죠. ……하지만 아무리 무지해도 우리가 부당한 대우를 받았다는 건 알아요."

크나베가 덫을 놓았다. 아니, 놓으려 했다.

"킹 목사는 너희가 뽑은 사람이지?"

"우리가 뽑지 않았어요."

"흑인들을 대표할 수 있는 박식한 사람을 뽑았다고 말했잖니. 다시 물어볼게. 너희가 뽑은 사람이 누구니?"

"누구를 뽑고 그런 건 몰라요. 하지만 우리 모두가 힘을 합쳤다는 건 알아요."

"하지만 누군가가 흑인들을 대변하잖아. 그게 누구냐고?"

"몰라요. 우리 모두가 스스로를 대변해요."

크나베는 포기하지 않았다.

"방금 1분 전에 네가 법을 더 잘 아는 사람을 뽑았다고 말했어. 그 사람이 누구냐고?"

클로뎃이 눈을 동그랗게 떴다.

"누가 법을 더 잘 알아요? 많은 사람들이 법을 더 잘 알아요. 그러니까 변호사님은 킹 목사님이 이 모든 일의 지도자라는 말씀을 하고 싶으신 거예요?"

화가 단단히 나 보이는 크나베가 머리를 문질렀다. 그러고 나서 꼬마에게 말하듯이 한 번에 한 음절씩 길게 끌면서 말했다.

"나는 그저 킹 목사가 흑인들을 대표하고 시 위원회에 흑인들이 원하는 내용을 전달하는 지도자 가운데 한 명이었는지 묻고 있는 거란다."

"그럴지도 모르죠. 하지만 나는 몰라요."

크나베가 작전을 바꾸었다.

"그러면 네가 보기에 여기 있는 그레이 변호사가 법을 아는 사람 가운데 한 명 같니?"

"그럼요. 당연하죠. 변호사잖아요."

"너는 그레이 변호사가 주 법률이 몽고메리에서는 무용지물이라고 주장했다는 걸 알고 있었지?"

크나베가 목소리를 높였다.

클로뎃은 대답할 가치가 없다는 듯 머리를 저었다.

"나도 학교에 다녔으니까 주 법, 국법, 지방 법처럼 다양한 법이 있다는 건 알아요."

크나베는 판사들에게 클로뎃이 질문에 더 직접적으로 대답하도록 지시해 달라고 요청했다.

리브스 판사가 클로뎃에게 말했다.

"알면 '예', 아니면 '아니요'라고만 대답하세요. 연설하지 말고."

그 뒤로 몇 분 동안 클로뎃은 크나베의 질문에 몽땅 '예', '아니요'라고만 대답했다. 크나베가 마침내 문제의 정곡을 찌르는 질문을 던졌을 때만 단답형 대답에서 벗어났다.

"12월 5일에 버스를 타지 않은 이유가 뭐니?"

클로뎃은 고개를 빳빳이 들고, 침착하면서도 열띤 목소리로 말했다.

"흑인들이 부당하고, 무례하고, 고약한 대우를 받았기 때문이에요."

방청객들이 클로뎃의 대답에 긍정하듯 웅성거렸다.

"더 이상 질문 없습니다."

크나베가 질색하며 말했다. 클로뎃이 일어나 자리로 돌아갔다. 원고 측 변호사 가운데 한 명인 찰스 랭포드는 클로뎃의 증언에 깊은 감명을 받았다.

"보이콧 소송 사건 증인 중에 스타가 있다면 그건 바로 클로뎃 콜빈일 거예요."

찰스 랭포드는 나중에 『판사』의 작가 프랭크 시코라에게 말했다.

클 로 뎃 : 증언을 마치고 나니 곧 점심시간이 되어 휴정을 했어요. 조 앤 로빈슨 아줌마가 메리 루이스 스미스와 나를 구멍가게에 데려가 점심을 사 줬어요. 그날 메리 루이스를 처음 만났는데, 아침 전까지도 메리 루이스가 겪은 버스 사건을 들어본 적도 없었어요. 점심을 먹으면서 우리는 버스에서 겪은 일을 비교해 봤어요. 나는 메리 루이스가 마음에 들었어요. 십대 여자애 두 명이 버스에서 부당한 대우에 맞섰다는 게 뿌듯했어요.

점심시간이 끝나고 다시 증언이 시작되었다. 게일 시장과 시 위원들 몇 명은 시의 질서를 유지하기 위해 인종 분리법이 필요하다고 주장했다. 시위원인 클라이드 셀러스는 '인종을 분리하는 벽이 없어지면 폭력이 일상적으로 벌어질 것'이라고 경고했다.

법정에는 침묵이 흘렀다. 리브스 판사는 잠시 곰곰이 생각한 뒤 셀러스에게 물었다.

"당신은 범죄를 예방한다는 이유로 누군가에게 헌법상의 권리를 포기하라고 요구할 수 있나요? 그렇게 요구하는 것이 또 다른 누군가에게 헌법상의 권리라고 하더라도 말이에요."

셀러스는 대답을 하지 못했다. 오후 늦게가 되어서야 심리가 끝났다.

클로뎃 : 법원 밖으로 나오자 어른들이 나를 둘러쌌어요. 다들 내게 악수를 청했죠. 사람들이 내 손을 잡고 내 몸을 만질 때는 짜증이 났지만, "그래, 대단했어."라는 말을 듣는 건 정말 기분이 좋았어요.

그리고 킹 힐로 돌아왔어요. 레이먼드는 아직 자고 있었어요. 마마 스위티 할머니가 말했어요.

"아기도 네가 좋은 일을 하러 간 걸 알았던 게 분명해. 한 번도 말썽을 피우지 않았거든."

나는 저녁을 먹으며 엄마한테 모든 걸 얘기했어요. 길 건너 사는 A. C. 제임스 아저씨가 와서 말했어요.

"정말 속 시원하게 잘했어."

엄마는 나를 자랑스러워했어요. 긴장이 풀린 뒤 나는 버밍햄에 사는 친엄마와 외삼촌 C. J. 맥니어한테 전화를 했어요. 엄마는 존슨 목사님한테 전화를 걸었어요. "끝났어요. 클로뎃이 증언을 했어요."라고 말하더군요.

　나는 연락이 닿는 학교 친구들하고도 통화를 하고 레이먼드가 잠들 때까지 요람을 흔들어 줬어요. 마침내 나는 혼자가 되어 생각에 잠겼어요. 녹초가 되어 버렸지만 뿌듯했어요. 지난 석 달 동안 머릿속으로 증언을 준비했죠. 법정에서 질문을 들었을 때 내용이 명확해 보였어요. 나는 백인 변호사와 판사들의 얼굴을 똑바로 쳐다보면서 흑인들을 위해 서 있었죠. 최선을 다했어요. 이제 결과는 판사들한테 달려 있었어요.

　나는 금세 잠이 든 레이먼드를 바라보며 말했어요.

　"아가야, 엄마가 오늘 우리를 위해 좋은 일을 한 것 같아."

흑인 다섯 명이 연방 법원에서 인종 분리법을 공격하다

조 애즈벨 『몽고메리 애드버타이저』 사회부 에디터

다섯 명의 몽고메리 흑인 여성들이 어제 미국 연방 법원에 소장을 제출했다. 원고들은 소장에서 앨라배마 주와 몽고메리 시의 대중교통에 대한 인종 분리법이 헌법에 위배된다고 주장했다.

변호사 프레드 그레이와 찰스 랭포드가 오후 12시 45분에 법원에 소장을 제출했고, 원고는 오릴리아 S. 브라우더, 수지 맥도널드, 자넷 리즈, 클로뎃 콜빈을 대신한 아버지 Q. P. 콜빈, 메리 루이스 스미스를 대신한 아버지 프랭크 스미스였다.

피고로 시장 W. A. 게일, 국장 클라이드 셀러스와 프랭크 파크스, 경찰국장 G. J. 루펜탈, 몽고메리 시티 라인즈 회사, 버스 운전사 제임스 F. 블레이크, 로버트 클레어가 지명되었다.

몽고메리 시내버스에서 인종 분리 정책이 중단된 지 3주 뒤, 폭탄 테러로 무너진 벨 스트리트 침례교회

몽고메리는 하루 종일
총알이 날아다니는 도시로 바뀔 것인가?

—1957년 1월 『몽고메리 애드버타이저』 신문 사설

10장

몽고메리 폭력 사태

법정은 방청객들에게 공개되어 있으므로 판사들은 존슨 판사의 방으로 가서 문을 닫고 자리에 앉았다. 한동안 아무도 입을 열지 않았다. 잠시 후 리브스 판사가 존슨 판사에게 말했다.

"존슨 판사, 자네가 막내니 먼저 결정하게. 자네 생각은 어떤가?"

존슨 판사가 대답했다.

"판사님, 저는 대중교통 수단인 버스에 대해 주에서 실시하는 인종 분리 정책이 헌법에 위배되는 행위라고 생각합니다. 저는 원고 승소 판결을 내릴 것입니다."

리브스 판사는 재빨리 동의했다. 하지만 린 판사는 달랐다.

"연방 대법원은 플레시 대 퍼거슨 소송 사건에서 이 문제에 대해 이미 판결을 내렸습니다. 그게 법이고 우리는 법이 바뀌기 전까지 판례를 따라야 합니다."

하지만 린 판사는 수적으로 열세였다. 연방 법원은 2 대 1의 판결로 몽고메리 시와 앨라배마 주의 인종 분리 좌석 제도를 폐지하라는 판결을 내렸다.

"클로뎃 콜빈과 다른 원고들의 증언이 개인의 자유는 침해받을 수 없다는 헌법의 주장을 뒷받침했어요. 버스 보이콧 소송 사건은 그동안 인정받지 못했던 법적인 권리와 인권을 드러낸 사례였어요."

존슨 판사가 당시를 회상하며 말했다.

10분 만에 내린 판결은 1956년 6월 19일에 발표되었다. 게일 시장은 깜짝 놀라서 연방 대법원에 상소하겠다고 밝혔다. 한편 보이콧 참가자들은 홀트 스트리트 침례교회에서 대중 집회를 열어 기쁨을 나눴다. 하지만 적어도 시 측 상소가 워싱턴의 연방 대법원에 도착할 때까지는 버스 보이콧을 계속해야 한다는 사실에 들뜬 마음을 누그러뜨렸다. 연방 대법원은 가을까지는 사건을 검토하지 않을 것이다. 그리고 연방 대법원이 앨라배마 주 판사들의 의견에 동의할 거라는 보장도 없었다.

'브라우더 대 게일 소송 사건' 당시 판사들의 판결 내용

존슨 판사와 리브스 판사가 내린 과반수 판결 내용은 다음과 같다.
"몽고메리와 그 관할권에서 승객들을 운송하는 버스에서 흑인과 백인 승객을 분리하는 법률과 조례는 미국 헌법 수정 조항 제14조에 따른 법의 정당한 절차와 평등한 보호에 위배된다. 1896년 플레시 대 퍼거슨 소송 사건에서 대법원이 발표한 '분리해도 평등하다'는 원칙은 더 이상 유효하지 않다."

법원이 발표를 한 다음 날 아침, 존슨 판사는 익명의 편지 한 통을 받았다.

내가 너라면 그런 판결을 하기 전에 오른팔부터 잘랐을 거다. 너는 무릎을 꿇고 전지전능한 하나님한테 실수를 용서해 달라고 기도를 드려야 할걸.

존슨 판사는 곧 증오로 가득한 편지와 전화를 수도 없이 받아야 했다. 위의 편지는 그 가운데 첫 번째 사건에 지나지 않았다.

프랭크 M. 존슨은 "헌법의 장점은 유연성에 있다." 라고 말했다.

클로뎃 : 법원 판결에 관한 뉴스를 들었어요. 나한테 전화를 걸어 이야기 해 주는 사람은 없었어요. 당시에는 판결을 축하하고 있을 시간도 없었고 요. 나는 고등학교에서 퇴학을 당했고, 3개월 된 아기가 있었으니까요. 변 호사가 되겠다는 꿈은 사라졌어요. 돈이 궁했고 삶을 원래대로 돌려놓을 방법을 찾으려고 발버둥 치다 지쳐 있었어요.

십대 시절에 첫 임신을 한다면 아이를 키운다는 게 어떤 건지 피부에

와 닿지 않을 거예요. 도움을 받거나 대화를 나눌 남편이 없다면 더욱 그
렇죠. 나는 얼마나 오래 일하고, 얼마나 많이 벌어야 하는지도 몰랐어요.
부모님한테 집세를 낼 필요는 없었어요. 하지만 음식과 옷을 살 돈은 내
야 했고, 공과금도 보태야만 했어요. 아빠는 일을 하지 않았고, 엄마가 하
루에 3달러씩 벌었으니까요.

내가 법정에서 증언한 뒤 보이콧 지도자들 가운데 누군가 내 상황을 이
해하고 도와주기를 바라기도 했어요. 마음 깊은 곳에서 흑인 지도자들이
베이비 샤워(임신을 축하하기 위해 친구들이 아기 용품을 선물하는 축하 파티)를 해
줬으면 했어요. 하지만 법정을 나서고 누구한테도 소식을 듣지 못했어요.
프레드 그레이 변호사님, 로자 파크스 아줌마, 조 앤 로빈슨 아줌마도 나
한테 연락하지 않았어요. 내가 증언을 한 뒤 아무도 연락을 안 했어요. 흑
인 지도자들이 나를 보이콧의 여왕으로 무대에 올린 게 아니라는 건 알아
요. 하지만 흑인 지도자들은 왜 내가 법정에서 증언을 한 뒤 나한테 등을
돌렸을까요?

나는 그 이유를 알고 있어요. 그 사람들은 내가 임신을 했기 때문에 피
했던 거예요. 부모님이 "이렇게 해서 임신을 하게 되었고, 애 아빠는 이
사람이에요."라는 식으로 설명하지 말라고 했기 때문에 상황이 더 안 좋
아졌어요. 그렇게 설명했다면 사람들이 내 상황을 이해했을 거예요. 하지
만 나는 부모님과 한 약속을 지키려고 입을 꾹 다물고 있었죠. 레이먼드
의 피부색이 옅고 애 아빠의 성을 붙이지 않았기 때문에 사람들은 레이먼
드가 백인 핏줄일 거라고 생각했어요. 나는 사회적으로 비난받을 요소가

세 가지나 있었어요. 무엇보다 피부색이 옅은 아기를 가진 미혼모였어요. 학교에 다니지 않아서 또래 친구들도 없었고요. 마지막으로 동네에서도 내침을 당했어요. 타락한 여자라고요.

하지만 부끄럽지 않았어요. 내가 나쁜 사람이 아니란 걸 알고 있었으니까요. 내가 가장 힘들어할 때 경험 많고 나이 많은 남자가 나를 유혹했어요. 나는 실수를 한 거예요. 그건 실수였을 뿐이에요. 나와 가까운 사람들은 나를 포기하지 않고 지켜 주었어요. 아빠, 엄마, 마마 스위티 할머니, 벨마 언니는 나를 사랑했어요. 그분들은 내 장점을 절대 잊지 않았어요. 존슨 목사님도 내 편을 들어 주었어요. 엄마랑 가장 친한 베이비 텔 아줌마는 파인 레벨에 살았는데, 정말 좋은 분이었어요. 나는 임신했을 때 매달 두 번째 일요일이면 시골로 가서 아줌마네 집에서 지냈어요. 아줌마는 나를 위해 잠자리를 마련해 주고, 잘 자라고 성경도 읽어 줬어요. 또 레이먼드가 입을 길고 작은 플란넬 배냇저고리도 만들어 줬고요. 무지개 색깔로 빙 둘러 수를 놓은 옷이었죠. 그리고 물론 나한테는 레이먼드가 있었어요. 레이먼드는 행복한 남자아이였어요. 나는 레이먼드의 사랑을 듬뿍 받았어요.

법원이 내린 판결을 듣고 흑인들을 생각하니 기뻤어요. 내가 증언했다는 게 자랑스러웠고요. 하지만 나는 그때 일상의 문제에 짓눌려 있었어요. 나를 가장 괴롭혔던 질문은 '어떻게 다시 시작할 수 있을까? 나 자신을 이 세상에서 어떻게 구할 수 있을까?' 하는 것이었어요.

1956년 여름 내내 몽고메리 시장과 시 의원, 그리고 다른 공무원들은 보이콧을 중단시키려고 갖은 노력을 다했다. 그들은 기소를 한 115명의 흑인들 가운데서 마틴 루터 킹을 지목해 불법 보이콧을 조직한 혐의로 고발했다. NAACP는 마틴 루터 킹을 변호하는 프레드 그레이와 여러 변호사들을 돕기 위해 뉴욕 주에서 지원 인력을 선발해서 파견했지만 소용없었다. 클로뎃이 항소했을 때 판결을 내렸던 카터 판사가 마틴 루터 킹에게 유죄를 선고했다. 카터 판사는 마틴 루터 킹에게 500달러를 벌금으로 내고 감옥에서 1년 동안 강제 노동을 하라는 판결을 내렸다.

세계 각지의 기자들이 몽고메리로 몰려들어 극적인 인종 대결을 보도했다. 일부 백인들은 백인 지도자들이 말만 앞세운다며 이제 스스로 문제를 해결할 때가 되었다고 불만을 터뜨렸다. 그들은 지금 당장 행동으로 옮기지 않으면 흑인들이 머지않아 몽고메리를 장악할 거라고 말했다. 찌는 듯이 더운 1956년 8월 25일 밤, 누군가 트리니티 루터 교회의 백인 목사 로버트 S. 그라츠의 집 앞마당에 다이너마이트를 던졌다. 다이너마이트가 폭발하면서 인근 주택의 창유리가 산산이 부서지고 벽이 흔들렸다. 하지만 그라츠 가족은 그때 집에 없었기 때문에 목숨을 구할 수 있었다.

여름과 초가을에 걸쳐 테러, 살해 협박, 항의 투서, 한밤중의 협박 전화, 그리고 불만이 점점 많아졌다. 인종 분리주의자들의 사고방식은 흔들리지 않고, 이를 행동으로 옮길 돈도 떨어지지 않는 것 같았다. 백인시민위원회는 MIA의 스테이션 왜건 차량에 대한 보험 보상 범위를 줄이려고 시도했다. 시 공무원들은 법원에 카풀을 금지해 달라고 요청하고, 카풀이 무허가 교통 체계라고 주장했다.

11월 13일 화요일, 마틴 루터 킹과 다른 지도자들은 법정에 앉아 있다가 몽고메리 시 측의 변호사가 그들 편인 게 확실한 판사에게 보이콧이 불법이기 때문에 금지해야 한다고 말하는 걸 듣고 힘이 빠졌다. 휴정 중에 마틴 루터 킹은 고개를 돌려 게일 시장과 클라이드 셀러스 위원, 두 명의 변호사가 안쪽 방으로 황급히 사라지는 걸 보았다. 기자들도 그 방을 바삐 들락거렸다. 이상한 일이 벌어지고 있는 게 틀림없었다.

잠시 후 기자 한 명이 마틴 루터 킹에게 다가와 방금 도착한 호외를 전했다. 마틴 루터 킹은 호외를 읽은 소감을 나중에 다음과 같이 말했다.

"말로 다할 수 없는 기쁨으로 가슴이 고동치기 시작했어요."

미국 연방 대법원이 브라우더 대 게일 소송 사건에 대한 하급 법원의 판결을 지지한다는 내용을 전했던 것이다. 그들이 이겼다. 그 소식은 삽시간에 법정에 퍼졌다. 한 사람이 일어나 소리쳤다.

"전능하신 하나님이 워싱턴 시에서 말씀하셨다!"

카터 판사가 의사봉을 세게 내리쳤다. 잠시 후, 카터 판사는 마지막 발악을 하듯 MIA의 카풀이 불법이며 운행을 중단해야 한다는 판결을 내렸다. 그것은 완전히 핵심을 벗어난 변죽에 불과할 뿐이었다. 열의에 넘치는 변호사들, 십대 소녀 두 명을 포함한 강인한 여성 네 사람이 버스에서 짐 크로 법을 몰아낸 것이다.

게일 시장은 마지막 순간까지 버틸 거라고 말했다. 미국을 대표하는 사람이 몽고메리로 와서 버스에서 인종 분리 정책을 폐지하라는 연방 대법원의 지시를 전달하기 전까지 통합 정책을 시행하지 않을 것이라는 뜻이었다. 게다가 카터 판사는 보이콧이 불법이라는 판결을 내렸다. 대중 집회에서 마틴 루터 킹은 연방 대법원의 지시가 도착하기 전까지 "계속 걸어 다니고 친구들과 차를 나눠 탈 것"이며 사나흘 안에 연방 대법원의 지시가 도착할 거라고 말했다.

그로부터 5주가 흐른 12월 20일은 보이콧이 시작된 지 381일째 되는 날이었다. 연방 대법원 집행관 두 명이 몽고메리 버스에서 인종 분리 정책을 폐지해야 한다는 서면 통지를 시 공무원에게 전달했다.

"싫어도 어쩔 수 없이 따라야 할 거요. 그게 법이니까."

게일 시장이 한숨을 지으며 말했다.

보이콧에 참여한 많은 사람들은 그 뉴스를 들었던 장소와 시간을 영원히 기억할 것이다.

"인종 분리 정책을 폐지한다는 뉴스가 라디오에서 흘러나올 때 나는 요리를 하고 있었어요. 놀라서 집 밖으로 뛰어나갔더니 이웃집 여자도 나와 있었어요. 그 여자가 들었냐고 그러더군요. 우리는 뛸 듯이 기뻤어요. 우리는 몽고메리에서 일어날 거라고 전혀 생각도 못한 일을 해냈어요. 버스에서 아무 자리에나 앉을 수 있게 된 거죠."

조지아 길모어가 그때를 회상하며 말했다.

다음 날 아침 5시 55분에 마틴 루터 킹과 다른 흑인 지도자 네 사람이 마틴 루터 킹의 집 근처 정류장에 나타났다. 이들 중 브라우더 대 게일 소송 사건의 원고였던 사람은 없었다. 다섯 사람은 텅 빈 버스에 오른 뒤 요금통에 동전을 넣었다. 백인 버스 운전사는 유명인이 버스에 타는 걸 보고 미소를 지으며 물었다.

"킹 목사님 맞죠?"

"예, 맞습니다."

"오늘 아침에 손님으로 모시게 되어 기쁩니다."

21개월 전에 클로뎃이 체포되면서 촉발된 버스 저항 운동은 이렇게 마무리되었다. 그것은 미국 역사상 가장 위대한 인권의 승리 가운데 하나였다. 하지만 몇 년이 지난 뒤 어느 작가가 그날의 첫 번째 버스 승차에 특별한 점이 있었다는 걸 알아차렸다. 작가 프랭크 시코라는 당혹스러운 어조로 이렇게 적었다.

"흥미로운 사실은 클로뎃 콜빈이 그 사람들 틈에 없었다는 것이다."

브라우더 대 게일 소송 사건이 버스 인종 분리 정책에 법적인 종지부를 찍었을지 모르지만 인종에 대한 편견이 사라진 건 아니었다. 버스에서 통합 정책이 실시되고 일주일도 채 되지 않았을 때였다. 몽고메리 버스 정류장에서 백인 남자 다섯 명이 차에서 뛰어나와 열다섯 살짜리 흑인 여자아이를 둘러쌌다. 남자들은 욕설을 퍼부으며 여자아이를 때려 바닥에 쓰러뜨린 다음 달아났다. 두 번째 희생자는 나흘 뒤 로자 조던이라는 젊은 흑인 여성이었다. 로자 조던은 보일스턴 버스에 타고 있었는데, 저격수가 쏜 총알이 버스를 뚫고 그녀의 두 다리에 박혔다. 이와 비슷한 시기에 오릴리아 브라우더의 딸인 매너비아는 늦은 밤에 협박 전화를 받았다.

"네 집구석을 하늘 끝까지 날려 주마."

매너비아는 소스라치게 놀랐다. 오릴리아 브라우더가 수화기를 받아 들고 날카롭게 쏘아붙인 뒤 탕 하고 전화를 끊었다.

"어디 한번 날려 봐. 안 그래도 새집이 필요하거든."

버스에서 인종 분리 정책이 사라지고 한동안은 도처에서 폭력과 협박이 난무했다. 애니 라킨은 연방 대법원에서 판결이 나고 얼마 지나지 않았을 때 참석했던 대중 집회를 떠올리며 이렇게 말했다.

"우리는 좋은 자리를 차지하려고 오후 4시에 도착했어요. 하지만 집회가 진행되는 동안 교회 앞에 주차해 놓은 차에 누군가 불을 질렀어요. 우리는 안전해질 때까지 밖으로 나가지도 못했어요. 결국 경비원들이 새벽 4시에 우리를 집까지 데려다 줬어요."

1956년 12월 21일, 몽고메리 버스에서 인종 통합 정책이 실시된 첫날. (앞)랠프 애버내티 목사와 『몽고메리 애드버타이저』 신문의 이네즈 베스킨. (뒤)마틴 루터 킹 목사와 글렌 스마일리 목사.

1957년 1월 10일 밤, 흑인 교회에 폭탄이 투척되면서 몽고메리는 전쟁 터로 바뀌고 말았다. 클로뎃이 다니는 허친슨 스트리트 침례교회에서는 다이너마이트가 터져서 스테인드글라스 유리창이 산산조각 났다. 벨 스트리트 침례교회와 목사 랠프 애버내티의 집에서도 폭탄이 터졌다. 테러리스트들은 그라츠 목사의 집에 다시 폭탄을 던졌다. 백인이면서 흑인들의 인권을 공개적으로 지지한다는 이유로 그들은 그라츠 목사를 경멸했다. 그날 밤, 교회 네 곳과 가정집 두 곳이 폭발로 피해를 입었다. 마틴 루터 킹의 집 앞마당에도 폭탄이 떨어졌는데 다행히 불발탄이었다.

보이콧에 관련되었거나 이름 또는 사진이 신문에 나왔던 사람들이 중대한 위험에 처하게 되었다는 건 분명했다. 킹 힐에서 Q. P. 콜빈은 옆에 엽총을 갖다 놓고 의자에만 붙어 있었다. 『몽고메리 애드버타이저』는 1957년 초의 모습을 다음과 같이 거친 사설로 요약했다.

"더 이상 인종 분리 정책이 문제가 아니다. 이제 문제는 앨라배마 주 몽고메리 시에서 안전하게 살 수 있는가 하는 것이다."

클로뎃 : 요즘 사람들은 KKK단이 무슨 짓을 했는지, 얼마나 무서웠는지 절대 모를 거예요. 두려웠지만 그렇다고 집에만 숨어 있을 수도 없는 노릇이었어요. 일을 해야만 했거든요. 나는 돈이 필요했어요. 백인 집보다는 식당이 더 안전할 것 같기도 했고요. 하지만 식당에서 일을 시작할 때마다 나에 관한 소문이 삽시간에 돌았어요. 나를 알아보고 포옹하며 이렇게 말하는 흑인들도 있었어요.

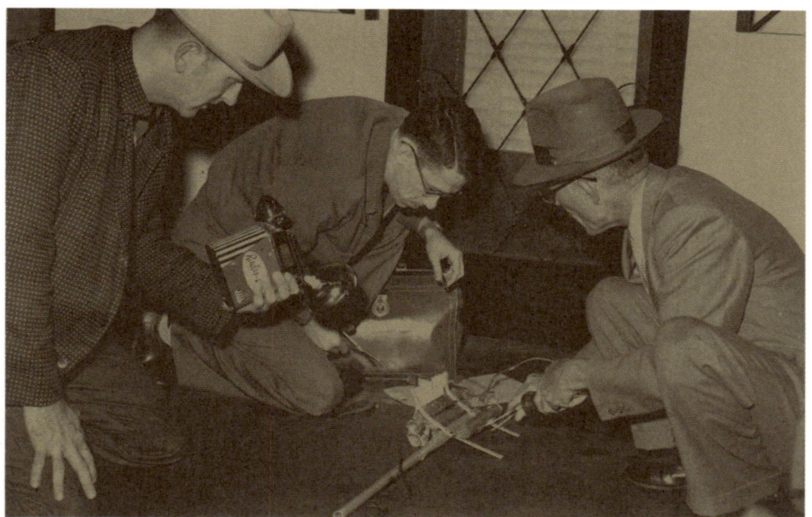

브라우더 대 게일 소송 사건 직후 팽팽한 긴장감이 흐르는 가운데 폭약 전문가가 폭탄을 제거하고 있다.

"네가 바로 그 여자애구나!"

식당 사장이 내가 버스에서 자리를 양보하지 않았던 사람이라는 걸 알아차리는 바람에 잘린 게 한두 번이 아니었어요. 나는 이름을 수시로 콜빈에서 오스틴으로 바꿨어요. 그러면 일을 할 수 있을 줄 알았죠. 하지만 사장들은 늘 내가 누구인지 알아냈고, 다짜고짜 해고를 하곤 했어요. 조용히 묻혀 지내기란 힘든 일이었어요.

내가 누구인지 아는 사람들은 나를 도와주거나 고용하지 않았어요. 힘들고 무서운 날들이었어요. 내가 갈 수 있는 곳은 아무 데도 없었고, 내 곁에 있고 싶어 하는 사람도 없었어요. 나는 거기서 도망치고 싶었어요.

보이콧이 끝난 직후에 작지만 좋은 일이 생기긴 했어요. 어느 날 오후에 제일 침례교회의 랠프 애버내티 목사님이 개인적인 연회에 초대한다고 집에 전화를 했어요. 목사님은 벨마 언니를 알고 있었어요. 언니가 그 교회에 다녔거든요. 나는 연회에 가기로 마음먹었어요. 참석 인원이라고 해 봤자 앨라배마 주립 대학 학생 몇 명, 기자 한 명, 벨마 언니, 마틴 루터 킹 목사님, 애버내티 목사님, 그리고 제가 전부였어요.

킹 목사님은 문가에 앉아 있었는데, 주위에 늘 사람들이 붐볐어요. 애버내티 목사님도 킹 목사님 곁에 있었죠. 나는 주방에 가서 애버내티 목사님의 사모님이 아이스크림 준비하는 걸 도와줬어요. 그리고 문가에 조용히 앉아 있는 킹 목사님한테 아이스크림을 갖다 드렸어요. 대중 집회가 끝나고 나서 줄을 서서 악수할 때 말고는 킹 목사님을 만난 적이 없었어요. 킹 목사님한테 가까이 다가서는 게 늘 부끄러웠거든요. 킹 목사님 주위에는 늘 사람들이 많아서 다가서기가 힘들기도 했고요.

킹 목사님이 나를 보더니 자리에서 일어나 자기소개를 한 뒤 법정에서 증언을 해 줘 고맙다고 말했어요.

"어린 아가씨가 참 용감해요."

나는 학교로 돌아가고 싶다고 말했고, 목사님은 내 말에 관심을 기울였어요. 대화는 길지 않았어요. 내가 금방 자리를 떴거든요. 하지만 나한테는 중요한 순간이었어요. 어떻게 킹 목사님을 존경하지 않을 수 있겠어요? 목사님은 그러지 않아도 됐는데 목숨을 걸고 활동했어요. 목사님은 불의에 맞섰기 때문에 늘 다른 목사님보다 목숨이 위태로웠어요. 목사님

은 대중 집회에서 보이콧에 참여하라고 사람들을 설득했고, 모든 일이 질
서정연하게 진행되도록 지휘했어요.

킹 목사님을 만났다고 해서 월급이 나오거나 사람들이 나와 레이먼드
에 대해 수군거리지 않게 된 건 아니에요. 또 내가 확실히 더 안전해진 것
도 아니고요. 하지만 그날 저녁 목사님한테 칭찬을 몇 마디 듣고 아주 기
분이 좋았다는 말은 해야 할 것 같아요.

2005년 2월, 부커 T. 워싱턴 매그넛 고등학교에서 학생들에게 강연하는 클로뎃 콜빈

클로뎃 콜빈은
보이콧 운동에 참가했던 사람들 가운데
가장 용감했다.

— 프레드 그레이

역사의 문

2005년 2월, 앨라배마 주, 몽고메리 시,
부커 T. 워싱턴 매그닛 고등학교

    고등학교 3학년과 졸업반 학생 200명이 조례 시간을 앞두고 학교 강당으로 줄지어 들어섰다. 흑인 학생과 백인 학생이 반반 섞여 있었고, 그 밖에 다른 인종, 다른 민족의 학생들이 몇몇 보였다. 학생들은 의자에 앉아 눈을 가늘게 뜨고 무대를 바라보았다. 그곳에는 한 무리의 흑인 여자들이 앉아 있었다.

    불빛이 어두워지며, 단순한 디자인의 원피스를 입고 뿔테 안경을 쓴 앳된 얼굴의 배우가 무대 중앙에 나타났다. 배우이자 작가인 아웰레 마케바가 강당을 만원 버스로 바꾸고, 단호한 흑인 소녀와 백인 경찰관들이 팽

팽하게 맞서는 장면을 연출했다. 강당의 학생들은 앞으로 몸을 기울이며 집중했는데, 자기들이라면 그런 위험을 감수할 수 있을지 스스로에게 묻고 있는 것 같았다. 또 그런 압력을 받으면서 쓰러지지 않고 견뎌 낼 수 있을지 궁금해하는 듯도 했다.

공연이 끝나자 교장은 공연 내내 꼼짝 않고 앉아 있던 여자에게 앞으로 나와 달라고 부탁했다. 여자는 천천히 일어나 서너 걸음을 옮겨 조명 속으로 들어와 마이크를 잡았다. 부커 T. 워싱턴 고등학교의 흑인과 백인 학생들은 모두 자리에서 일어나 여자에게 박수를 보냈다. 여자는 다정하게 웃음을 지었지만 눈물을 흘리지는 않았다.

"물어볼 게 있나요?"

클로뎃 콜빈이 학생들에게 물었다.

클로뎃은 먼 길을 돌아 마침내 고향에 돌아왔다.

브라우더 대 게일 소송 사건이 있었던 1957년 이후 클로뎃은 고졸 학력 인증 시험을 통과한 뒤 앨라배마 주립 대학에 입학했다. 하지만 교육 과정이 마음에 안 들어서 1년 만에 그만두었다.

클로뎃은 몽고메리에서 일자리를 구할 수 없자 1958년에 벨마를 따라 뉴욕으로 갔다. 그러면서 어쩔 수 없이 레이먼드를 어머니에게 맡겨야만 했다. 뉴욕 생활 초기에 클로뎃은 뉴욕이라는 도시에 감금당한 느낌이었다. 클로뎃은 당시의 기분을 이렇게 전했다.

"한밤중에 벨마 언니의 작은 아파트에서 잠이 깨면 몽고메리의 그 감옥에 있는 듯한 기분이 들었어요. 간수의 열쇠 소리가 들리는 것 같을 때도 있었고요."

1960년에 클로뎃은 둘째 아들 랜디를 낳았다. 몽고메리에서 가정부 봉급으로 아이들을 기르는 것과 뉴욕에서 숙식 가정부로 일하며 집으로 돈을 부치는 것 가운데 어느 쪽이 아이들에게 최선일지 확신이 서지 않았다. 클로뎃은 1968년까지 요요처럼 몽고메리와 뉴욕을 왔다 갔다 하다가 마침내 뉴욕에 정착했다. 간호사 교육을 받은 뒤 뉴욕 가톨릭 병원에서 간호조무사로 일하기 시작했다. 노인 환자들을 돌봤는데, 자주 야간 근무를 했다. 그 병원에서는 오랫동안 일했다.

클로뎃은 1960년대에 뉴스에서 민권 운동에 관한 소식을 들었지만 방관자로 머물러 있었다. 조심하는 건 습관이 되었다. 과거에 알고 지내던 흑인 활동가들과는 만나지 않았다. 세월이 흐르면서 로자 파크스는 앨라배마 주 몽고메리 시에서 백인 승객에게 버스 자리를 양보하지 않음으로써 보이콧 운동에 불을 댕긴 사람으로 명성이 높아지고 있었고, 클로뎃은 그 모습을 조용히 지켜보았다. 고향으로 돌아가도 클로뎃이 버스에서 체포되고 증언까지 했던 일을 기억하는 사람은 없을 것 같았다. 브라우더 대 게일 소송 사건은 이보다 더 유명한 학교 소송, 브라운 대 토피카 교육 위원회 소송 사건의 그늘에 가려 흑인 민권 운동의 역사에서 좀처럼 거론되지 않았다. 버스 인종 분리법을 철폐하는 데 공헌한 네 여성의 이름은 잊힌 것 같았다. 역사에서 클로뎃을 향한 문은 영원히 닫힌 것처럼 보였다.

그러던 어느 날, 갑자기 그 문이 열렸다. 1975년 버밍햄 신문사 기자인 프랭크 시코라가 몽고메리 버스 보이콧에 관한 기사를 쓰다가 로자 파크스 이전에 다른 인물이 있었다는 걸 기억해 냈다. 시코라는 도서관에서 자료를 뒤져 마침내 클로뎃 콜빈이라는 이름을 찾아냈다. 몽고메리 전화번호부를 뒤진 끝에 클로뎃의 아버지 Q. P. 콜빈이 옛날 기사에 언급된 주소에 아직 살고 있다는 것도 알아냈다. 시코라는 수첩을 들고 킹 힐로 차를 몰고 가서 작은 목조 가옥 앞에 멈췄다.

"문 앞에서 일흔 살쯤 되어 보이는 할머니를 만났어요. 홀쭉한 체격이었는데, 얼굴에는 위엄이 가득했어요. 그 할머니가 바로 클로뎃을 키운 메리 앤 콜빈이었어요. 할머니와 인터뷰를 한 뒤, 클로뎃의 사진이 있는지 여쭤 봤어요. 할머니는 클로뎃이 학생 때 찍은 스냅 사진을 보여 줬어요. 그리고 뉴욕에 살고 있는 클로뎃의 전화번호를 적어 주셨죠."

시코라의 연락을 받고 클로뎃은 놀랐다. 시코라는 클로뎃에 관한 기사를 썼고, 뒤이어 클로뎃에 관한 기사가 몇 편 더 실렸다. 클로뎃의 이야기는 민권 운동에 참가한 아이들에 관한 책 두 권에서 한 장씩을 차지하기도 했다. 클로뎃의 이름은 민권 운동의 역사에 조금씩 등장하기 시작했다. 이에 따르면, 클로뎃 콜빈은 로자 파크스 이전에 체포되었지만, 보이콧의 지도자가 되기엔 적임자가 아닌, 무모하고 미성숙한 십대였다. 심지어 많은 글들이 체포 당시 클로뎃이 임신 중이었다고 서술했다.

"열세 달 동안 임신을 한 건 역사상 제가 최초였을 거예요."

클로뎃이 말했다.

클로뎃은 전화번호부에 이름을 올리지 않고, 연설을 해 달라는 대부분의 요청을 거절했다.

하지만 2005년에 고향으로 돌아오는 티켓을 제공하겠다는 요청은 받아들였다. 『몽고메리 애드버타이저』는 몽고메리 버스 보이콧 50주년 기념식을 후원했다. 사람들은 정말로 클로뎃의 귀향을 바라는 것 같았다. 고향에는 친구들이 있었고, 흑인 지도자들도 아직 많이 살고 있었다. 클로뎃은 기념행사의 일환으로 50년 전에 퇴학을 당했던 부커 T. 워싱턴 고등학교 학생들 앞에 섰다.

클로뎃 : 기분이 어떠냐고요? 멋지고 근사해요. 젊은 친구들이 대의를 저버리지 않았다는 걸 느꼈어요. 그 애들은 우리가 겪은 일을 정말로 알고 싶어 했어요. 우리가 자신들을 위해 장애물을 없애 준 걸 고마워했고요. 흑인 여자아이와 백인 여자아이가 내 옆에 서서 함께 사진을 찍었어요. 나는 그 애들한테 내가 학교 다닐 때만 해도 백인 학생과 흑인 학생이 나란히 서거나 대등하게 교육을 받지 못했다고 이야기했어요. 흑인과 백인 학생들이 동등한 대우를 받는 현실을 믿을 수가 없네요.

우리는 질의응답 시간도 가졌어요. 학생들은 과거를 돌이켜 보며 하고 싶은 말이 있으면 들려 달라고 했어요. 나는 학생들한테 말했어요.

"포기하지 마세요. 뒷걸음질하지 말고 계속 노력하세요. 쓸 수 있는 모든 자원을 손에 넣으세요. 경쟁을 할 준비를 하세요."

나는 학생들한테 학업에 대해 진지하게 생각하라고 말했어요.

물론 인종 분리는 아직 사라지지 않았어요. 학교와 동네와 일터만 살펴

봐도 미국 구석구석에 인종 분리가 아직 존재한다는 걸 알 거예요. 그래요. 우리는 경제적으로 걸음마 단계예요. 하지만 '백인 전용'과 '흑인 전용'이라는 비열한 간판들은 사라졌어요. 우리가 그 간판들을 떼 버렸어요. 인종 분리가 불법이라고 규정한 법도 있어요. 우리는 백인들의 가치관을 바꿔 놓았어요. 백인들은 흑인들에 대한 태도를 바꿔야만 했어요. 민권 운동은 합법적으로 장애물을 제거했기 때문에 진보할 수 있었어요. 다음 세대를 위한 문을 열어 놓았어요. 내가 민권 운동의 일익을 담당했다는 게 기뻐요.

돌이켜 보면 당시에 버스 보이콧 운동을 대표하는 인물로 로자 파크스가 적임자였다고 생각해요. 파크스 여사는 훌륭하고 강인한 사람이었고,

나보다는 많은 사람들이 수긍할 수 있는 인물이었죠. 하지만 파크스 여사 혼자만의 힘으로는 할 수 없었을 거라고 생각해요.

내가 했던 게 정의를 향한 최초의 외침이었고, 커다란 외침이었어요. 어른 지도자들이 제대로 행동하지 않았기 때문에 내가 한 거예요. 당시에 십대였던 나는 계속 생각했어요. 왜 어른들은 이곳에 모여 말하지 않을까? 왜 우리가 인종 분리를 받아들이지 않는다는 걸 백인들이 알아들을 수 있게 목소리를 내지 않을까?

내가 얘기할 수 있는 건 그때나 지금이나 정의를 손에 넣는 건 쉽지 않다는 거예요. 듣기 좋게 꾸며서 말할 수 없어요. 맞서야 하고 "이건 옳지 않습니다."라고 말하는 방법밖에 없어요.

나는 그렇게 했어요.

2000년에 『우리도 거기 있었어요! – 미국 역사 속 아이들』을 쓰고 있을 때, 열다섯 살의 흑인 소녀가 로자 파크스보다 1년 전쯤에 몽고메리에서 인종 분리 정책에 대담하게 저항했다는 이야기를 들었다. 그 이야기에 따르면 이 소녀가 시내버스에서 백인 승객에게 자리 양보를 거부한 행동이 1955년과 1956년에 걸쳐 진행된 저 유명한 몽고메리 버스 보이콧을 촉발하는 힘이 되었다고 했다. 하지만 그 소녀는 존경을 받기는커녕 반 친구들한테 따돌림을 당했다. 어른 지도자들도 역할 모델로 적합하지 않다고 판단해서 소녀를 외면했다. 그리고 시간이 흘러서도 역사가들은 소녀를 눈여겨보지 않았다.

나는 인터넷 검색을 통해 소녀의 이름이 클로뎃 콜빈이라는 걸 알아냈다. 또한 1955년 3월에 고등학교 3학년이었던 클로뎃이 백인 승객에게 자리를 양보하지 않았다고 경찰에게 체포되어 버스에서 끌려간 뒤, 수갑을 차고 교도소까지 갔다는 걸 알게 되었다. 클로뎃은 로자 파크스가 백인 승객에게 자리 양보를 거부하기 아홉 달 전에 똑같은 행동을 한 것이다.

자료를 계속 훑어보면서 나는 클로뎃 콜빈이 체포되어 재판을 받은 뒤에도 저항을 포기하지 않았다는 걸 알아냈다. 1년 뒤 클로뎃과 세 명의 여성이 몽고메리 시와 앨라배마 주를 고소했다. 버스의 인종 분리 좌석 제도를 허용하는 법에 이의를 신청한 것이었다. 클로뎃이 브라우더 대 게일 소송 사건에서 승소하면서 이 좌석 제도는 몽고메리 버스에서 철폐되었다.

클로뎃 콜빈이 아직 살아 있을까? 살아 있다면 어디에 살고 있을까? 나는 스스로에게 질문을 던졌다. 그리고 더 면밀히 조사하다가 『USA 투데이』 신문에서 클로뎃에 관한 1995년 기사를 발견했다. 클로뎃 콜빈이 중요한 민권 운동의 선구자이지만 거의 잊혔다는 내용이었다. 기자는 클로뎃이 수줍음이 많고, 사람들과 잘 어울리지 않으며, 역사적으로 부당한 비난을 받은 탓에 세상에 잘 알려지지 않았다고 썼다. 그리고 클로뎃이 쉰여섯 살이고, 뉴욕에 살면서 사립 요양원에서 일하고 있다고 했다.

나는 기사를 쓴 리처드 윌링 기자에게 전화를 걸었다. 윌링 기자는 아직도 클로뎃과 연락이 닿는다고 했다. 윌링 기자는 나와 대화를 나눈 뒤 클로뎃에게 연락해서 그녀의 어린 시절에 관한 책을 만들고 싶어 하는 사람이 있는데 관심이 있냐고 물어봐 주기로 했다.

그 후 4년 동안 윌링 기자는 나를 위해 클로뎃에게 때때로 연락을 했다. 나한테 돌아오는 클로뎃의 답변은 늘 "은퇴한 뒤에나 생각해 볼게요."라는 것이었다. 나는 클로뎃을 포기할 수밖에 없었다. 하지만 2006년 어느 가을밤, 내 자동 응답기의 빨간 불이 반짝였다. 리처드 윌링이었다. 메시지는 간단했다.

"클로뎃이 당신한테 전화번호를 알려 주라고 했어요. 행운을 빌어요."

나는 얼마 후 뉴욕으로 가서 클로뎃 콜빈이 사는 고층 아파트의 초인종을 눌렀다. 문이 활짝 열리더니 테가 두꺼운 안경을 쓴 캐러멜 빛깔의 여자가 내 얼굴을 꼼꼼히 살핀 뒤 수줍은 웃음을 지으며 인사를 건넸다. 클로뎃은 정수리 쪽으로 곱슬머리를 말아 올리고 있었다. 우리는 식사를 하면서 이야기를 나눌 수 있는 조용한 식당으로 향했다. 클로뎃은 지팡이를 짚고 걸었다. 그리고 잘 웃고 노래를 하듯 말했다. 목소리에는 몽고메리의 흔적이 많이 남아 있었지만 카리브 해의 명랑하고 쾌활한 가락도 담겨 있었다. 뉴욕에 사는 클로뎃의 이웃 가운데 자메이카 사람들이 많았기 때문이다. 우리는 함께 일하기로 결정했다.

그다음 해인 2007년, 클로뎃은 극적인 사회 변혁 시기에 겪은 개인적인 역사를 들려주었다. 버스 보이콧 사건은 미국 인종 분리 정책의 법적인 토대를 흔드는 데 기여했다. 클로뎃은 이 사건에서 핵심적인 역할을 했기 때문에 그때 일어난 일은 물론 어떤 느낌이었는지도 여전히 기억하고 있었다. 클로뎃은 그때까지도 교도소 감방 내부와 간수의 열쇠 소리, 방청객이 꽉 들어찬 연방 법정의 증인석에서 본 풍경을 설명할 수 있었다. 그리고 어른들이 밖에서는 인종 분리 정책을 묵묵히 받아들이면서 집에서만 불평을 늘어놓을 때 느꼈던 분노도 기억했다.

그해 클로뎃과 장시간에 걸친 인터뷰를 열네 번 했는데, 세 번은 뉴욕에 직접 찾아가서 했고 나머지는 전화로 했다. 나는 인터뷰를 하며 많은 질문을 던졌다. 클로뎃이 녹음기를 꺼 달라는 몸짓을 하거나 어떤 내용을 비밀로 간직하고 싶다고 말한 건 몇 번 되지 않았다. 클로뎃은 나에게 친구와 가족의 전화번호를 건네고, 그들에게 나와 전화 통화를 하라고 당부했다. 클로뎃은 놀랄 만큼 개방적이고 관대했다.

클로뎃 콜빈이 살아온 이야기는 역사가 객관적인 사실과 개인적인 진실이 합쳐져 만들어진다는 것을 아주 선명하게 보여 준다. 클로뎃은 가난하지만 강인하고 애정이 깊은 가족의 품에서 자랐고, 가족과 이웃의 정의를 위해 두 번이나 목숨을 걸었다. 클로뎃의 이야기는 현명하고 용감한 여자에 관한 것이다. 클로뎃이 영리하고 불의에 분노할 줄 아는 십대로서 짐 크로 법이 존재하던 앨라배마 주에서 인권 신장에 끼친 공헌은 잊히지 않을 것이다.

본문에서 '클로뎃:'이라고 표시된 부분: 2007년 1월 1일에서 12월 13일 사이에 클로뎃과 진행한 총 14회의 인터뷰에서 발췌한 것이다. 3회의 인터뷰는 뉴욕에서 직접 클로뎃을 만나 진행했고, 나머지는 전화로 실시했다. 대부분의 인터뷰는 한 시간 이상 진행되었고, 뉴욕에서의 인터뷰는 훨씬 긴 시간이 걸리기도 했다. 어떤 사항을 명확히 하거나 한두 가지 질문을 하러 전화를 했을 때는 대화 시간이 짧아지기도 했다. 마지막으로 클로뎃은 책 전체 내용을 큰 소리로 읽어 달라고 했다. 클로뎃은 내용을 수정하거나 강조하고 싶은 부분이 있을 때 나를 멈춰 세우곤 했다.

프레드 그레이와도 4회에 걸쳐 인터뷰를 했다. 한 번은 앨라배마 주의 터스키기 사무실에서, 나머지 세 번은 전화로 했다. 프레드 그레이와 인터뷰한 평균 시간은 클로뎃보다 짧았다. 하지만 그 역시 내 질문에 성의껏 대답했다. 알렌 바우저, 애니 라킨 프라이스, 프랭크 시코라에 관한 얘기도 직접 만나 인터뷰를 하면서 얻은 것이다.

킹 힐 묘사(42쪽): 나는 2007년 4월 13일 킹 힐을 직접 방문해서 클로뎃의 기억을 보충했다. 그곳은 클로뎃이 어린 시절을 보냈을 때와 아주 조금 달라져 있었다. 킹 힐의 이웃들은 여전히 가깝고 서로를 잘 알고 있었다. 클로뎃의 옛날 집에 사는 가족은 나를 초대해서 집 안을 둘러보게 했다. 그 가족은 클로뎃의 이야기를 듣고 클로뎃이 자란 집에서 사는 게 뿌듯하다고 말했다.

제러마이어 리브스에 관한 기억(58쪽 박스): 2007년 3월 27일에 인터뷰를 한 클로뎃의 동급생은 이름을 밝히지 말아 달라고 부탁했다. 이 여성은 제러마이어 리브스의 기억이 머리에서 한시도 떠나지 않았다. 당시에 몽고메리에 살던 다른 흑인 여성들도 마찬가지였다. 1958년 3월 28일 새벽 12시 13분, 리브스는 몽고메리 킬바이 주립 교도소의 전기의자에서 생을 마쳤다. 리브스는 스물두 살이 될 때까지 거의 6년 동안 사형수 감방에서 지냈다. 리브스의 사형 집행 9일 후인 부활절 일요일에 마틴 루터 킹은 앨라배마 주 정부 청사 계단에 모인 2천 명의 청중 앞에서 연설을 했다. 마틴 루터 킹은 "우리 앞에 놓인 문제는 리브스가 무죄이냐 유죄이냐가 아닙니다. 리브스가 유죄라고 해도 형벌은 가혹하고 불공평합니다. 흑인 여성에게 비슷한 범죄를 저지른 성인 백인 남성들은 사형 선고나 무기 징역을 받은 적이 없습니다. 부활절은 희망의 날입니다. 또한 이날은 악마와 불의의 군대가 최후를 맞이하는 날입니다. 우리는 그런 희망을 안고 살면서 필요하다면 죽음과 마주해야 할 것입니다."라고 말했다.(「제러마이어 리브스의 전기 사형에 항의하는 추도식에서 발표된 성명서, 1958년 4월 6일」, 『마틴 루터 킹의 기록, 4권: 운동의 상징, 1957년 1월~1958년 12월』)

리브스의 참혹한 시련은 몽고메리의 한 흑인 소년에게 두려움을 갖게 했다. 프레드 테일러는 몽고메리 버스의 인종 분리 정책이 폐지되었을 때 열네 살이었다. 프레드 테일러는 나중에 엘런 러바인이 쓴 『자유의 아이들』에서 이때를 회상하며 "나는 버스 앞자리에서 백인 남자 옆에 앉았어요. 하지만 의식적으로 백인 여자 옆에는 앉지 않으려고 했죠. 백인 여자를 성폭행한 혐의로 전기의자에서 죽은 제러마이어 리브스에 관해 기억하고 있으니까요."라고 말했다.

브라우더 대 게일 소송 사건의 법정 묘사(159쪽): 프랭크 시코라의 저서 『판사』 17~18쪽과 내가 직접 방문했던 현장 기록을 참조했다. 나는 2007년 4월 10일에 지금은 존슨 판사의 이름을 딴 몽고메리 연방 법원을 구경했다. 제복 차림의 수위 두 명은 공식적인 용무가 없으면 법정을 방문할 수 없다고 말했다. 하지만 현재 존슨 판사의 법정을 사용하는 에드워드 칸즈 판사의 서기에게 전화를 걸어 법정을 방문해도 될지 물어보자는 내 제안을 수위 한 사람이 받아들였다. 놀랍게도 서기는 법정을 구경해도 좋다고 허락했다. 잠시 후 서기와 나는 둥근 천장의 유리창으로 쏟아지는 햇빛이 벽널을 멋지게 물들이는 법정에 섰다. 나는 반짝거리는 스페인 타일을 박아 넣은 천장을 빤히 쳐다보았다. 그곳은 소설 『앵무새 죽이기』의 한 장면을 떠올리게 하는 남부의 법정이었다. 법정을 스케치할 수는 있었지만, 사진을 찍을 수는 없었다. 서기는 원고, 피고, 판사, 방청객, 그리고 다른 법정 직원의 전형적인 행동에 관한 내 질문에 친절하게 답변해 주었다.

브라우더 대 게일 소송 사건의 심문에 관한 묘사(160쪽): 는 전적으로 프랭크 시코라의 책 『판사』를 따른 것으로, 프랭크 M. 존슨 판사의 생애와 주요 사건을 참조했다. 161쪽 박스에 언급했듯이 민권 운동 기간 중 존슨 판사가 내린 판결은 남부에 막대한 영향을 미쳤다. 『판사』에 나오는 첫 번째 주요 사건은 브라우더 대 게일 소송 사건이었다. 시코라는 그 사건에 대해 존슨 판사와 충분한 인터뷰를 했고, 클로뎃 콜빈의 증언에 대한 판사의 기억과 인상도 이끌어 냈다. 예를 들어 내가 클로뎃이 시 측 변호사인 크나베 씨한테 말할 때 눈을 "동그랗게 떴다."고 쓸 때 존슨 판사가 프랭크 시코라에게 말했던 기억이나 인상을 참조했다. (재판 당시 시코라는 법정에 있지 않았다.) 시코라는 법원 서기가 법정에서 사람들의 이야기를 정확하게 기록한 필기록도 찾아냈다. 이 필기록 덕분에 존슨 판사는 수십 년 전에 있었던 사건에 대한 기억을 더듬을 수 있었다. 브라우더 대 게일 소송 사건의 중요성을 깨달은 사람들은 모두 프랭크 시코라에게 감사해야 할 것이다. 이 사건은 연방 법원이 학교를 넘어 공공시설에서의 인종 분리가 위헌이라는 결정을 내린 최초의 주요 판결이었다.

감사의 말

내가 자료를 조사하러 몽고메리 시를 방문했을 때 클로뎃이 어린 시절을 보낸 킹 힐의 집을 돌아보게 허락해 준 다이앤 존스와 클라이드 존스에게 감사한다. 제럴딘 네스빗의 조카딸 잔느 스마일리는 친절하게 나를 차에 태우고 몽고메리를 돌아다니며, 버스 보이콧의 주요 지형지물을 알려 주었다. 나와 대화를 나누고 사진까지 제공한 알렌 바우저와 애니 라킨 프라이스에게 깊은 감사를 전한다. 유명한 민권 변호사인 프레드 그레이에게도 감사하는데, 터스키기에 있는 변호사 사무실에서 나를 만나 질문에 대답해 줬고, 나중에 전화로 질문을 했을 때도 친절한 답변을 들려주었다.

풍부한 자료와 조언을 아끼지 않은 로자 파크스 박물관의 박물관장 조젯 노먼에게 감사의 말을 전한다. 앨라배마 주립 대학의 린다 하비, 마찬가지로 유용한 자료를 찾는 데 많은 도움을 준 앨라배마 주 기록 보관소의 노우드 커와 메러디스 맥레모어에게 감사한다.

사진과 그 사진의 출판권을 획득하는 데 도움을 준 『몽고메리 애드버타이저』 신문의 케네스 헤어, 완다 로이드에게도 감사한다. 페리스 주립 대학 짐 크로 박물관의 존 토프, 클로뎃의 여동생인 글로리아 래스터, 마틴 루터 킹 연구·교육 기관의 아시니 모노, 페니 위버, 버밍햄 민권 박물관의 로라 앤더슨, 리즈 맥키니 2세 판사, 인디애나폴리스 어린이 박물관의 트리시아 오커너, 존 브로더릭에게도 감사한다.

내가 클로뎃과 만날 수 있도록 주선한 『USA 투데이』 기자 리처드 윌링의 아량이 없었다면 이 책도 존재하지 않았을 것이다. 막역한 친구이자 편집자인 멜라니 크루파는 이 책에 대해 믿음을 잃지 않았고, 기술적으로도 많은 도움을 줬다. 멜라니를 보조하는 샤론 맥브라이드도 큰 도움이 되었다. 나에게 많은 가르침을 준 그레이스 하인에게도 감사한다. 이 책의 초안에 대해 통찰력 있는 평가를 해 준 '호기심 도시'의 커스틴 캐퍼에게 감사한다. 작품을 쓰는 대로 원고를 읽고, 내가 읽는 걸 들어 준 체릴 하트, 토비 홀랜더, 루비 후즈, 한나 후즈에게 감사한다. 산드라 리 세인트 조지는 이 책을 디자인하며 첫 페이지부터 마지막 페이지까지 나와 함께 했다.

그리고 이름도 한 번 들어 보지 못한 작가한테 기회를 준 클로뎃 콜빈에게 감사한다. 내가 클로뎃의 신뢰를 얻었기를 바란다.

참고문헌

클로뎃 콜빈에 대한 글을 쓰면서 수많은 웹사이트, 신문 기사, 책을 살펴보았다. 아래는 그중에서 가장 도움이 된 자료들을 선별한 것이다.

BOOKS

Branch, Taylor. *Parting the Waters: America in the King Years, 1954-63.* New York: Simon & Schuster, 1988. _이 책 98, 101, 109, 123~124, 158, 182쪽에 인용

Garrow, David J. *Bearing the Cross: Martin Luther King, Jr., and the Southern Christian Leadership Conference.* New York: Vintage Books, 1986._이 책 125, 131~132쪽에 인용

Gray, Fred D. *Bus Ride to Justice: Changing the System by the System.* Montgomery, Ala.: Black Belt Press, 1995. 클로뎃의 변호사였던 프레드 그레이의 자서전으로, 프레드 그레이는 '눈에 띄는 인종 분리 정책을 모조리 뿌리 뽑기 위해' 법을 이용했다고 설명한다. _이 책 90, 101쪽에 인용

Halberstam, David. *The Fifties.* New York: Villard Books, 1993._이 책 81, 93쪽에 인용

Hampton, Henry, and Steve Fayer. *Voices of Freedom: An Oral History of the Civil Rights Movement.* New York: Bantam Books, 1990. 이 책에는 보이콧에 참여한 몽고메리 지도자와 시민들의 인터뷰가 실려 있다. _이 책 25, 182쪽에 인용

Hare, Kenneth M., ed. *They Walked to Freedom: The Story of the Montgomery Bus Boycott.* Champaign, Ill.: Spotlight Press L.L.C., 2005. 『몽고메리 애드버타이저』 신문이 몽고메리 버스 보이콧 50주년을 기념하기 위해 출간한 이 책에는 사건 개요, 사진, 그 당시의 신문 기사가 실려 있다.

King, Martin Luther, Jr. *Stride Toward Freedom: The Montgomery Story.* New York: Harper & Row, 1958. 이 책에는 버스 보이콧에 대한 마틴 루터 킹의 이야기가 실려 있다. _이 책 30, 54, 86, 110, 132, 138, 181, 183쪽에 인용

Levine, Ellen. *Freedom's Children: Young Civil Rights Activists Tell Their Own Stories.* New York: G. P. Putnam's Sons, 1993. 이 두꺼운 책에는 엘런 러바인이 클로뎃 콜빈을 인터뷰한 내용이 실려 있다. _이 책 183쪽에 인용

Newman, Richard, and Marcia Sawyer. *Everybody Say Freedom: Everything You Need to know about African-American History.* New York: Penguin Books, 1996.

Robinson, Jo Ann Gibson. *The Montgomery Bus Boycott and the Women Who Started It.* Knoxville: University of Tennessee Press, 1987. 이 책은 특히 버스 보이콧 기간에 흑인들이 이동하면서 경험한 학대를 기록하고 있다는 점에서 가치가 있다. _이 책 30, 80, 83, 86, 94, 115, 140쪽에 인용

Sikora, Frank. *The Judge: The Life and Opinions of Alabama's Frank M. Johnson, Jr.* Montgomery, Ala.: Black Belt Press, 1992. 버밍햄 신문사의 기자였던 시코라는 사람들의 기억 속에서 거의 잊힐 뻔한 클로뎃 콜빈의 이름을 끄집어냈다. 시코라는 1970년대에 클로뎃 콜빈의 부모를 찾아내 클로뎃 콜빈이 미국 역사에 끼친 공헌에 대해 처음

으로 신문 기사를 썼다. 시코라는 『판사』에서 브라우더 대 게일 소송 사건의 일부 심리 기록을 복원했는데, 이를 통해 우리는 클로뎃 콜빈의 실제 이야기와 존슨 판사가 증언에서 받은 인상을 추측할 수 있게 되었다. 나는 이 내용을 바탕으로 내 책의 9장을 썼다. _이 책 151, 175~177, 182~184쪽에 인용

Williams, Donnie, with Wayne Greenhaw. *The Thunder of Angels: The Montgomery Bus Boycott and the People Who Broke the Back of Jim Crow.* Chicago: Lawrence Hill Books, 2006. 이 책에는 버스 보이콧이 끝나고 난 뒤의 어수선한 몽고메리 풍경이 잘 묘사되어 있다. _이 책 130, 159쪽에 인용

Williams, Juan. *Eyes on the Prize: America's Civil Rights Years, 1954-1965.* New York: Penguin Books, 1988. _이 책 61, 99쪽에 인용

ARTICLES

Garrow, David J. "The Origins of the Montgomery Bus Boycott." *Southern Changes* 7, no.5(1985): 21-27. _이 책 27, 92, 101쪽에 인용

Johnson, Robert E. "Bombing, Harassment Don't Stop Foot-Weary Negro Boycotters." *Fet*, February 16, 1956, 8-13. _이 책 155~156쪽에 인용

King, M. L., Jr. "Statement Delivered at the Prayer Pilgrimage Protesting the Electrocution of Jeremiah Reeves." From the Papers of Martin Luther King, Jr., vol. 4, January 1957-1958, April 6, 1958.

"Negroes Stop Riding Montgomery Buses in Protest over Jim Crow." *Fet*, December 22, 1955, 12-15.

Thornton, J. Mills, III. "Challenge and Response in the Montgomery Bus

Boycott of 1955-6." *Alabama Review 33* (July 1980): 163-235.

Willing, Richard. "Then Teens, They 'Stood Up for Something.'" *USA Today*, November 28, 1995. 1면에 클로뎃 콜빈과 메리 루이스 스미스에 대해 잘 쓰인 장문의 기사가 실려 있다. _이 책 98, 108~109쪽에 인용

Younge, Gary. "She Would Not be Moved." *The Guardian*, December 16, 2000. _이 책 79, 98쪽에 인용

SELECTED WEB SITES

www.ferris.edu/jimcrow 인종주의적인 수집품을 전시하는 짐 크로 박물관의 홈페이지. 인종 분리 및 민권과 관련된 사물, 표지판, 카툰, 그 밖의 자료들을 볼 수 있다.

www.riversofchange.org 브라우더 대 게일 소송 사건, 그리고 클로뎃 콜빈을 포함한 이 사건의 원고들에 관해 훌륭한 교육 자료들을 볼 수 있는 웹사이트. 역사적인 판결로 되찾게 된 권리를 강조하는 DVD, 교육 과정 가이드, 워크북이 있다.

www.stanford.edu/group/King 마틴 루터 킹을 기념하는 스탠포드대 연구·교육 기관의 웹사이트. 특히, 자유를 향한 흑인들의 투쟁 관련 자료들을 폭넓게 제시하는 '해방 운동 교육 과정' 메뉴가 교사들에게 유용하다. _이 책 99~100쪽에 인용

Courtesy of Alabama Department of Archives and History, Montgomery, Alabama, 96
AP/Wide World Photos, 114
    (Gene Harrick, photographer), 185
Courtesy of Birmingham Public Library Department of Archives and Manuscripts,
    (empty bus, 1556.30.47) 22, (crowded bus, 1556.49.59) 66, (Fred Gray, 1102.2.51A.55) 90
Courtesy of Alean Bowser, 51, 55
Courtesy of Claudette Colvin, 139
Don Cravens / Time & Life Pictures / Getty Images, 89, 133, 143
Library of Congress, 26, 32, 34, 39, 45, 87, 111
Montgomery Advertiser, 78, 125, 128, 136, 146, 152, 174, 190(Mickey Welsh, photographer), 196(Mickey Welsh, photographer)
Montgomery County Archives, 157
Courtesy of Annie L. Price, a childhood friend of Claudette Colvin, 47
Courtesy of Jeanne Smiley, 62
Spencer Museum of Art, The University of Kansas, Gift of Marion Palfi, 29
Courtesy of Penny Weaver, 177